人間と悪

処女作『悪の起源論』を読む

叢書シェリング入門1

FRIEDRICH WILHELM JOSEPH VON SCHELLING

松山壽一 著

萌書房

〈叢書シェリング入門〉刊行にあたって

シェリングという哲学者の名は一般には馴染みが薄い。二重に隠されてさえいる。一方で、古典を敬して遠ざけ流行を追うことにのみ汲々としている思想界の昨今の風潮がこれに追い討ちをかけているし、他方で、ドイツ古典哲学に眼が向けられるにしても、シェリングの名はカントやヘーゲルといったビッグネームの陰に隠れてしまってなかなか目立たず、ためにシェリングにまで眼が向きにくいという事情もこれに加勢している。

フランス革命後の激動の時代に、人間の自由を求め、その根源（悪の起源）を極めようとしたばかりでなく、この根本的希求をもとに、自然の哲学や芸術の哲学、さらには歴史の哲学を展開し、神話と啓示の意義をも追求しようとしたシェリングの思想は、軽佻浮薄なわれわれ現代人に「根源を忘るるなかれ」と警鐘を鳴らし続けているように思われる。

筆者はこれまでもっぱら、思うところあって、無理解のまま放置されてきたドイツ自然哲学を理解できる状態にすることに専念してきたが、非力ながら、ここに、シェリング哲学全般の意義、さらにはその多彩さと魅力を世に広めるための入門書、啓蒙書を叢書として上梓することにした。

この間、日本シェリング協会（一九九二年創立）を母体としてシェリング著作集の刊行が企てられた。

筆者は編集幹事として、その企画、出版交渉等にあたり、当初（一九九四年）十二巻の刊行が可能となるも頓挫。その後、数々の出版社と交渉を重ねた結果、全五巻ながら来年ようやく刊行の運びとなった。著作集出版のための長年の悪戦苦闘のなかで何よりも思い知らされたことは、シェリングの知名度があまりに低いということであった。出版交渉の際に「シェリングが何者か」を一から説明せざるをえないことしばしばであった。この悪戦苦闘を通じて、筆者はシェリングの名を世に知ってもらう必要、彼の思想の意義と魅力を喧伝する必要を痛感せざるをえなかった。

〈叢書シェリング入門〉の企画はこのような苦渋の体験のなかから生まれてきた。もっとも、シェリングという知名度の低い哲学者の入門書、啓蒙書を、しかもシリーズで出版しようとする出版社などあろうはずもなく、著作集の場合同様の難航が予想された。ところが、萌書房という新しい出版社を立ち上げたばかりの白石徳浩氏が趣旨に賛同し、叢書としての刊行を引き受けて下さった。感謝に耐えない。氏の御厚志によって、有難くも、ここに叢書刊行が可能となった。

なお、カバーに掲げる肖像は、ミュンヘンのバイエルン科学アカデミー・シェリングコミッション提供によるものである。

二〇〇四年（シェリング没後百五十年）五月

松山壽一

まえがき

人類の行く末が案じられる。こんな時代にわれわれは生きている。この期に及んでなおバラ色の未来を描こうなどというのはよほどの呑気者か、あるいはよほどの皮肉屋でなくて何であろう。そもそもわれわれを取り巻く自然環境そのものがわれわれ人類をも含む生物全体の生存を危うくしつつあるし、科学技術の乱用がわれわれにどんな災厄をもたらすか計り知れないし、戦争、虐殺や日々の犯罪等、人類のありとあらゆる悪行、愚行も止まる様子が毫もない。経済的政治的方策の考案のみではもはや覚束ない。今日われわれは根本から考え直さなければならない時点にまで来てしまっている。

根本的に考え直してみるならば、われわれはわれわれ自身の我意に行きつくほかなかろう。かつてライプニッツは『弁神論』(一七一〇年)のなかで人間理性がしばしば迷い込む「有名な二つの迷宮」について触れ、その一つが、悪がどこから来たのかという「悪の起源」の問題だと指摘し、その起源を人間の有限性に求めていた。こうした考えに反対して、シェリングは『自由論』(一八〇九年)のなかで、その起源を人間の我意すなわち秩序の転倒、神への背きに見出した。この転倒は聖書の記述では、人類の始祖アダムとイヴのもとで生起したものとされているが、シェリングに言わせれば、これは一度かぎりのことではなく、われわれは常時彼らと同じ転倒への誘惑、危険に日々晒されているのである。

シェリングのこのような洞察は、その深さゆえ、今日にも通用するアクテュアリティに富んでいるばかりでなく、問題追求の徹底さゆえの魅力にも富んでいるように思われる。『自由論』に端的に顕われているような彼の洞察の迫力と魅力とを少しでも世に知ってもらえまいか。こうした思いから、著者はシェリング紹介を試みることを思い立った。しかも今年はシェリングが没して百五十年という記念すべき年に当たっている。この記念すべき年に本書をその第一弾として世に送る。

本書のテーマは右に記した悪の問題である。ただし、彼の代表作『自由論』(一八〇九年)におけるそれではない。これについてはすでに秀れた論集(渡邉二郎・山口和子編『モデルネの翳り』晃洋書房)が出ている。本書がテーマとするのは代表作における悪の問題でなく、処女作『悪の起源論』(一七九二年)におけるそれである。入門書にふさわしい親しみやすさ——問題の扱い方、議論の仕方に対する親しみやすさや、処女作が十七歳の少年の作であるというもう一つの親しみやすさ、それにまた、これについて十全に解説した類書が未だないことなどから、処女作の議論の紹介を〈叢書シェリング入門〉第一弾のテーマに選んだ。彼はこの作のなかで旧約聖書創世記第三章における堕罪の問題を論じている。このなかには、彼のそれまでの勉学が生かされて、神話の側面(とりわけプロメーテウス神話とパンドーラ神話)からのアプローチや、当時最新の「ネオロギー」と呼ばれる啓蒙的な聖書解釈の方法——聖書を聖典として絶対視するのではなく、聖書を古文書と同様の歴史的文書として読み解くという方法——も用いられている。本書は、こうした面にも注目しつつ、シェリングが十七歳で試みた議論の魅力を可能なあらゆる角度から引き出そうとする。

ただ、これだけでは一書とするには分量が足りないので、これを第一章（「若きシェリングと悪の問題」）とし、その歴史的背景を紹介した文章を第二章（「ルターからシュライアーマッハーへ」）として加えることにした。第二章は、シェリングの議論のなかに認められる聖書解釈の方法が、聖書解釈の歴史、とりわけ宗教改革以後の歴史のなかでどのような位置を占め、意義をもつものであるかを明らかにすることを一つの焦点としつつ、近世ドイツにおける聖書解釈史全般を筆者なりに綴ってみた。この試みは、事柄の性質上当然、解釈学の成立史の記述となっているばかりでなく、広く近世ドイツにおける宗教思想史の記述ともなっている。

なお、本書の姉妹篇として〈叢書シェリング入門〉第二弾『人間と自然』を同時に世に送る。こちらは著者がこれまで主として研究してきたシェリングの自然哲学をテーマとしている。この書は先頃上梓した編著『シェリング自然哲学への誘い』（晃洋書房）所収の拙論「見える精神としての自然――シェリング自然哲学の根本性格」をさらに詳論したものに、研究動向報告を加えたものである。併せてお読み頂ければ幸いである。

二〇〇四年（シェリング没後百五十年）八月

松山壽一

人間と悪——処女作『悪の起源論』を読む——＊目次

第二章　ルターからシュライアーマッハーへ……65
——近世ドイツにおける宗教思想と聖書解釈の歩み——

人間と悪

——処女作『悪の起源論』を読む——

第一章　若きシェリングと悪の問題

『悪の起源論』における創世記第三章の神話論的哲学的解釈

序　自然的悪と道徳的悪

「地震、雷、火事、親父」――怖いもの、恐るべきものを順次掲げた周知のリストである。われわれに親しいこのリストも今日では一部変更を余儀なくされているように思われる。最後の「親父」である。今日誰が「親父」を怖いものだなどと思っていようか。「亭主元気で留守がよい」「濡れ落ち葉」などと女房たちに言われるほどである。このような母親のもとに育った子供たちが父親を怖がったり尊敬したりするはずもない。「親父」はとっくのうちに退場を宣告されているというのが現状である。では、この地位を誰かが奪ったということか。奪ったとすれば、いったい誰が？　ひょっとすると、それは「子供」？「親父」との日常語上での語呂合わせで言えば「ガキ（餓鬼）」？――「地震、雷、火事、餓鬼」――少年犯罪の低年齢化を前にすれば、この新リストもにわかに現実味を帯びてこよう。酒鬼薔薇事件に震撼させられたばかりのわれわれは、さらに小学生による同級生の殺害事件に遭遇させられている昨今である。直接的原因はともかくとして、これらすべての遠因はわれわれの社会、戦後日本の社会がわれわれの守るべき規範をなし崩しにしてきたことにあるのではなかろうか。「餓鬼」――元来、死後の亡者、餓鬼道の住人を意味する仏教語であるだけに、見るからにすさまじい言葉である。大人、親どもがまともでなければ、「無垢な子供」はまたたくうちに「餓鬼」に変貌するということか。規範なき社会は餓鬼の温床ということか。規範なき社会――趣は少々異にするが、先頃のわれわれのリーダーの例の発言、国会答弁——「人生いろいろ、会社もいろいろ、社員もいろいろ」——も、規範なき社会、これを象徴するものでなくて何であろう。

とまれ、ここで話を恐怖リストの筆頭「地震」に移す。「親父」とは違って恐怖リストにおける「地震」の地位は揺るぎないものと思われる。「地震」の怖さは独特である。われわれの立っている足場そのものが揺るぎ出す、揺さぶられる——ふだんは揺るぎない大地が動くのである。しかも何の前触れもなくある日ある時突然に。その恐怖たるや他に比ぶべくもない。また地震にはしばしば津波が伴うばかりか、時に火災さえ伴う。われわれの記憶に新しいところでは阪神淡路大震災を想い起こすだけでも十分であろう。建物という建物、様々な建造物が倒壊し、生き埋めになった大量の人々が火炎で焼き尽くされた。この惨状はさながら敗戦直後の焼け野原を思わせた。このような惨状が何度繰り返されればよいのであろうか。それでもわれわれは生きている。けなげにも。あるいは悪どく。神を呪うべきか、人を呪うべきか。キリスト教国でないわが国で、かつてヨーロッパで見られたような弁神論論争、オプティミズム論争が巻き起こったか否か、寡聞にして私は知らない。

十八世紀も半ばの一七五五年十一月一日、ポルトガルのリスボンで大地震が起きた。リスボンというのは、言うまでもなく、今日のポルトガルの首都に当たる都市だが、当時すでに大司教座も置かれ(十四世紀以来)、主要官庁も集まる政教の中心地であった。またこの都市は、スペイン語の格言で「リスボンを見なかった者は何も〔良いものを〕見たことがない。Qui non ha visto Lisboa, non ha visto cosa boa.」と言われるほどに、この上なく美しい都でもあった。この都が地震によってまたたくうちに灰燼に帰し、かつ津波がその被害をさらに大きなものにした。リスボンがタホ河の河口に位置していたためである。ある書には、「この上なく富裕な王たちが何世紀にもわたって建設してきた都市がたった七分で荒れ果てた」とある。むろんこれだけ大きな地震だったから、その被害もイベリア半島に留まらず、南西フランスや北アフリカにまで、それに津波で言えば、ドーヴァー海峡を越えてデンマーク海岸にまで及んでいる。しかも間の悪いことには、リスボンで地震が起きた十一月一日は万聖節に当たっており、人々は教会に集っていた。その上、地震は午前十時前に起きたものだから、礼拝の真最中に信者たちが大量に倒壊した教会堂（その数三十とも数えられている）の下敷きになって落命することにもなった。何と皮肉なことであったろうか。いったい神様は何をなさるのか。このような疑問が沸き起こったとしても不思議ではない。

このような疑問から、かのオプティミズム論争が巻き起こる。この論争については、第二章第六節の冒頭で詳しく述べる。ここで眼を向けなければならないのは、この論争で問題になった自然的悪（Malum physicum）ではなく、むしろ道徳的悪（Malum morale）のほうである。自然的悪の問題は、神の世界創造、善の立場から人間に多大な苦難をもたらす自然災厄のような禍悪の存在をわれわれはどのように理解すればよいのか、というものであるのに対し、道徳的悪の問題は、神の似姿として創造されたはずの人間がどうして悪をなすのか、このことをわれわれはどのように理解すればよいのか、というものである。ライプニッツの見解（一七一〇年の『弁神論』第一部第二六節）に従えば、「道徳的悪は自然的悪の一つの源泉ではあれ……自然的悪ほどに大きな悪だというわけではない」（p. 142）(1)。とはいえ道徳的悪といえども、やはりわれわれを震撼させるに十分である。このことについて彼はローマ皇帝カリグラやネロを例に挙げつつ次のように述べている。「カリグラやネロのごとき人物は一人だけでもその悪意によって世界を一度ならず戦慄させた。悪しき人は好んで他人を苦しませ痛めつけ、しかもそれを気まぐれだけでしている」(ibid.)と。自然的悪であれ道徳的悪であれ、総じて悪に関するライプニッツの見解はアウグスティヌス以来の欠如理論に属するものだった。それは、悪を独立した原理として認め、そのことによってそれを善に対等のものとしてそれに対抗させる(善悪二元論)のではなく、悪を単なる善の欠如と見なすことによって神ならびに神が創造した世界と人間の善なることを擁護しようとするもの(善一元論、オプティミズム)であった。

ライプニッツの欠如理論に対して、シェリングは一八〇九年(時に彼三十四歳)の傑作『自由論(人間的自由に関する哲学的考察)』において痛烈な批判を加えることになる。――「ライプニッツは、自然本性上の欠如から悪が生じうる仕方を、なんとかして明らかにしようと試みる」。しかしながら、「悪の根拠はけっして欠如や剥奪のうちにはありえない」。けだし「悪をなしうるようなものはただひとつ、目に見える全被造物のなかにあって、最も完全なものである人間だけ」だからである(p. 440)(2)。欠如概念と被造物中最高のものとしての人間という完全性概念とは齟齬をきたすというわけである。シェリングにとって悪とは、ライプニッツのように消極的なものではけっしてなく、むしろ逆に積極的なものであって、これが人間の自我性もしくは我意にほかならない。すなわち、人間における「悪の可能性」は次の点にある。「人間が、自分の自我性〔もしくは我意〕を、基底や道具となすかわりに、むしろ支配的なものや全意志にまで高めようとし、これに反して、自分のうちの精神的なものを手段となそうとつとめることができる」ことにある（p. 466）。人間の自我性もしくは我意は「神の存在すべき位置に」自分を据え、「その場を占めてしまう」（ibid.）。これは善と悪の原理、秩序を転倒させてしまう。この意味で、人間とは「逆立ちした神」にほかならない（ibid.）。

今からほぼ二百年も前に語られたことながら、このことは今日でもなお、いや今日なお一層われわれに当てはまると言わざるをえない。高度に発達した今日の科学技術は神の領分にまでその触手を伸ばし始めているし、巨大権力はその大権を全知全能のごとく振り回し続けている等々、自己をあたかも神の高みに置くかのような事例に事欠かない。本書の「まえがき」でも強調したとおり、今日われわれは根本から考え直さなければならない時点にまできてしまっている。先にその一端に触れたシェリングの洞察はこのような時点において顧みられて然るべきであろう(3)。ただ、これまた「まえがき」で触れたとおり、入門書にふさわしい親しみやすさを顧慮して、シェリングが解き明かそうとした悪の問題のうち、彼の代表作『自由論』のそれではなく、処女作『悪の起源論』におけるそれを、本書すなわち〈叢書シェリング入門〉第一弾のテーマとする。これは彼が何と十七歳という若さで著した学士論文なのである。

一　予備的考察——学士論文のタイトルの意味

一七七五年一月レオンベルグで生まれたシェリング(4)は、十五歳という異例の若さで大学に入学する

（神学部に進学するためテューービンゲン神学寮に入る）。そこで学士（マギスター）の学位を得るために執筆された論文が、これまた異例にも出版されることになる（一七九二年九月）。彼十七歳、大学二年目が終わろうとする頃のことである。

さて、弱冠十七歳の若さでまとめあげられた学士論文『悪の起源論』の内容の考察に先立って、まずタイトルを見ておこう。それは、ずいぶん長くて、次のようなものであった。

創世記第三章における人間的悪の最初の起源に関する最古の哲理を批判的かつ哲学的に解釈する試み
Antiquissimi de prima malorum humanorum origine philosophematis Genes. III. explicandi tentamen criticum et philosophicum

当時の約束に従って、全文ラテン語で書かれている。当時、大学で学位を取得するために大学に提出する論文（学士や博士の学位論文――シェリングの場合、『悪の起源論』が前者で、これによって哲学部を卒業、『パウロ書簡の改良者としてのマルキオンについて』（一七九五年）[5]が後者で、これによって神学部を卒業）、あるいはポストを得たりするために大学に提出する論文（就職論文）は、すべてラテン語で書かねばならないことになっていた。

タイトルを見れば分かるとおり、シェリングは学士論文で悪の起源の問題――「人間的悪の（malorum humanorum）最初の起源について（de prima origine）」――をテーマに選んでいる。後にも触れるとおり、彼は大学入学前（十一歳から十五歳）、彼の父親が教授をしていたベーベンハウゼンの修道院学校で教育を受けたのだが[6]、学校でのみならず、父親の蔵書の読書によっても、ギリシアとローマの古典をはじめ、イギリスの文学や哲学、さらには近代の哲学（特にライプニッツ）に大いに親しんでいた。しかもあらゆる領域において、それぞれのオリジナル言語によって[7]。シェリングによるテーマ設定が一七九二年四月に出た根源悪に関するカントの論文に刺激されたものであったかどうかは定かではないが、学士論文の冒頭で、シェリングが課題提起を行った箇所に付けられた最初の注には、ヘルダーの著作（『ヘブライの最古の詩について』第一部、一七八二年）に次いで二番目にカントの論文の名（「人間本性における根源悪について」『ベルリン月報』一七九二年四月）が挙げられ、その冒頭部分が引用されている（AA I, 63; 105）[8]。新しいシェリング全集では、その著作編の第一巻にこれが収められているが、学士論文の編集にあたったヴィルヘルム・G・ヤーコプスは、当論文の完成期をカントの論文が出た四月から学位を取得した九月までの間と推定している[9]。カントの論文もその最後の節で、旧約聖書の創世記の冒頭部分を題材に、彼が主題とした根源悪の問題を論じているので、シェリングのテーマ設定は、カントのそれと重なっていることは確かである。この点については、後に詳しく考察する（本章第四節）。いまはこれだけの指摘に留めておく。

次いで、タイトルに「批判的かつ哲学的に解釈する試み」――「批判的哲学的解釈の（explicandi criticum et philosophicum）試み（tentamen）」――とある点について少々コメントしておこう。この箇所は、「批判的解釈」と「哲学的解釈」という二つの部分から成っている。「批判的解釈」という語は、当時の聖書研究の環境に置けば、新しく勃興してきた、ある動向と関連するものと見なすことができるであろう。それは、聖書が書かれた歴史的状況に戻して、原典（聖書）の成立過程の掘り起こしによる原典批判を行いつつ（すなわち歴史的批判的に）聖書を読み解くというものである。後に見るとおり（第二節第3項）、シェリングの論文は、この新しい聖書解釈の流れの真只中で執筆され、かつその成果を的確に盛り込んだものとなっている。しかしながら、彼自身が論文の本文で「批判的哲学的解釈」という語を用いながら、その趣旨に従って実際に行っている箇所は、歴史的批判的聖書解釈を試みた箇所（第Ⅰ節から第Ⅴ節）とは異なって、カントの歴史哲学論文に依拠しつつ創世記を読み解くという箇所であった。この箇所は、論文の最後の部分（第Ⅵ節と第Ⅶ節）に相当しており、この点をそのまま受け止めれば、論文のタイトルとしては、先に挙げた聖書の歴史的批判的解釈としての意味での「批判」というよりは「哲学的解釈」という意味での「批判」を指示している、ということになろう。その内容については、本章第四節「悪の起源の哲学的解釈」で詳論する。なお、彼は「哲学的解釈」のみに留まらず、「神話論的解釈」と呼んでよいような解釈まで試みており、これが彼の論述の魅力の一つとなっているのだが（これを扱うのが本章第三節「悪の起源の神話論的解釈」である）、タイトルにはそれが現れていない。内容的に言えば、タイトルとしてはむしろ「神話論的哲学的解釈」と謳ったほうが適切だとさえ思えるにもかかわらず（ために本章では、これをサブタイトルとした）。

なお、タイトルには「哲理」——「最古の哲理の antiquissimi philosophematis」——というやや馴染みの薄い語が含まれている。「最古の」は問題ないとして「哲理の」と訳した philosophematis は、動詞 philosophemo の現在分詞 philosophemans の属格形である。彼が単純に馴染みの「哲学 philosophia」という語を用いなかったのは、おそらく彼の扱う対象が既存の哲学書のような哲学のテクストではなく、昔の様々な伝承だと考えられており、また課題がそのような伝承に含まれている意味内容を探り当てることにあると考えられていたためであろう。このことは、この語が彼の論文の本文全体で使用されている、その仕方から推測しても、また、たとえば彼の論文の最初の節（第I節）の冒頭部分で課題提起がなされた箇所の用法から推測しても言えることである。ちなみに、いま指摘した第I節冒頭部分では、この語に相当する部分がラテン語ではなく、わざわざギリシア語 *φιλοσοφουμενον*《フィロソフューメノン》 で表記されている。すなわち、論文の課題が「人間的悪の最初の起源に関するいにしえの哲理 *φιλοσοφουμενον* を、それ自身の解釈から理解できるようにする」（AA I, 64; 106）ことにある、と。このギリシア語そのものの意味合いについては後に詳しく見る予定なので、ここではこの指摘のみに留めておく[10]。

二　二つの神名エローヒーム、ヤハウェとシェリングによるその解釈

1　二つの神名エローヒームとヤハウェ

学士論文のタイトルの意味するところは、おおよそ以上のとおりである。以上の考察の最後では特に、シェリングが扱う対象が通常の哲学のテクストとは異なって、太古の伝承とかかわるものであったこと、

また彼自身このことを十分自覚していたことに言及した。この点を鮮やかに示している興味深い箇所が、これからわれわれがその内容の考察を行おうとする学士論文の本文には含まれている。それは、創世記冒頭諸章に関連する神の名の問題に対する彼の解釈である。内容考察の手始めとして、まずはこの点から見てゆくことにしよう。

創世記とは、言うまでもなく、聖書（旧約）の冒頭に収められているモーセ五書のうちの一書である。ユダヤ教においては、聖書は、律法《トーラー》（掟、法律の意）、預言《ナビイーム》、諸書《ケスビーム》の三種類に分類されたが、この律法に相当するのが、創世記をはじめとする出エジプト記、レビ記、民数記、申命記の五書であり、いずれもモーセ、すなわちイスラエルの民がエジプトに捕囚として捕らえられていた折に彼らをエジプトから解放し、シナイ山のもとで神より十戒を授けられたとされる、例の指導者に関係づけられ、モーセ五書と呼ばれている。周知のとおり、創世記第一章一節から第二章四節前半までには、神による天地創造が記されている。すなわち、神は最後の人間の創造も含めて六日間にわたって天地を創造し、そうして七日目に休まれた、とある。第一日目（第一章一節―五節）の創造の様子の全体と第六日目の人間の創造の様子の一部（第一章二六節）を見ておこう。[11]

始めに神が天地を創造された。地は渾沌としていた。暗黒が原始の海の表面にあり、神の霊風が大水の表面にふきまくっていたが、神が、「光あれよ」と言われると、光ができた。神は光を見てよしとされた。神は光と暗黒との混合を分け、神は光を昼と呼び、暗黒を夜と呼ばれた。こうして夕あり、また朝があった。以上が最初の一日である。

そこで神は言われた。「われわれは人をわれわれの像《かたち》のとおり、われわれに似るように造ろう。彼らに海の魚と、天の鳥と、家畜と、すべての地の獣と、すべての地の上に這うものとを支配させよう」と。

創世記冒頭では、見られるとおり、神による天地創造の次第、その最初としての光の創造、昼と夜との分離が、このように無味乾燥な調子で語られる。さらに同じ調子で次々に淡々と天、地、海、植物、動物創造の次第が語られた後に、右にその一部を見たように、人間が創造される。ところが、それにもかかわらず、第二章四節後半以降では再び人間の創造、しかも男（アダム）と女（エバ）の創造が語られる。実際に読み比べてみれば、一目瞭然、創造の様子と叙述の調子が異なっていることに気づかされる。まずは人間の創造から見てゆくとすれば、前者では、すでに引用したように、「われわれは人をわれわれの像《かたち》のとおり、われわれに似るように造ろう。彼らに海の魚と、天の鳥と、家畜と、すべての地の獣と、すべての地の上に這うものとを支配させよう」と神は言い、人間を創造する（第一章二六節）。つまり、神は自身の姿に似せて人間を創造し、彼らを地上の支配者にした、とされる。ここから、キリスト教における人間の特権視――imago Dei（神の似姿）としての人間――という独特の思想が紡ぎ出され、後々大きな影響を及ぼすことになるのだが[12]、いまここはこの問題を扱う場所ではないので、直ちに後者に話を移そう。第二章四節後半から七節まではこうある。

ヤハウェ神が地と天とを造られた日——地にはまだ一本の野の潅木もなく、野の一草も生えていなかった。というのはヤハウェ神が地に雨を降らせず、土地を耕す人もいなかったからである。ただ地下水が地の下からわきあがって、土地の全面を潤していた——その日ヤハウェ神は地の土くれから人を造り、彼の鼻に生命の息を吹きこまれた。そこで人は生きたものとなった。

第一章の叙述が抽象的、観念的であるのに対して、第二章の叙述はすこぶる具体的で、全体として素朴な印象を与える。今日の聖書学の研究成果によれば、両者は別の時代の別の資料から採られた別個の叙述だとされている。両者は違っていて当然なのである。以下に少々、今日の聖書学の研究成果に即しつつ、この問題について見ておきたいのだが、その前に、その前史を見ておくことにしよう。シェリングに直接関係するからである。

創世記に二つの資料が使われていること、それに当然、神名の相違の問題そのものも、すでに十八世紀初頭頃より気づかれてはいたが、フランスのアストリュック（ルイ十五世の侍医）が匿名で一書『始原的記憶に関する憶測』（一七五三年）を出して、この相違を説き、これをドイツの旧約学者アイヒホルンが『旧約聖書序説』全三巻（一七八〇—八三年）で敷延することによって、この問題が識者に認識されるに至る[13]。後に改めて指摘するように、実はシェリングが学士論文でその論述の基軸に据えた研究の中心が、アイヒホルンのこの研究にほかならなかった（もう一つはカント）。当然、資料問題、神名問題について議論する際にも彼はアイヒホルンの研究を念頭に置いていたに違いないと思われる。なるほど彼がそれについて議論した箇所そのものでは、直接アイヒホルンの名とその書名を挙げているわけではないが、「創世記が極めて異なった資料から合成されて成立したものだ」（AA I, 67; 109）という創世記解釈のための前提的理解を彼が得たのが、そこでの注記（文献指示）によって、アイヒホルン（『旧約聖書序説』第二部、一七八一年）であることははっきりしており、この一事を取ってみただけでも、彼はこの問題をアイヒホルンを通じて知っていたものと思われる。ただ当時の研究水準としては、モーセ五書はモーセそのものと直接関係づけられており、この問題を論じるにしても、以下に見るように、その枠内でなされている。

今日においても通用する資料批判が確定的になるのは、アイヒホルンの著書の刊行や、シェリングの論文が世に出るよりもなお約一世紀後のヴェルハウゼンの『イスラエル史序説』（一八八三年）が世に出て以降のことである。彼の研究成果によれば、創世記第一章一節から第二章四節前半までの記述は、紀元前六世紀頃のバビロン捕囚期以後にユダヤ教団（祭司階級）によって仕上げられたものであり、第二章四節後半からの記述は、捕囚以前のユダ王国において成立した（すなわちそれより四百、五百年前に成立した）ものであることが判明している。こうした点を含め、モーセ五書（さらにはヨシュア記を加えたモーセ六書）のすべてにおいて資料問題を解決した、この今日の聖書学によって、前者は「祭司資料」と呼ばれ、後者は「ヤハウェ資料」と呼ばれ、両者は截然と区別されている。(14)

2　二つの神名エローヒーム、ヤㇵウェとシェリングによるその解釈

ヘブライ語原典では、神は、第一章一節から第二章四節前半までは「エローヒーム」と複数で、第二章第四節後半以降は「ヤㇵウェ」と単数で指示されている。われわれが先に引用した邦訳（関根訳）では前者が「神」、後者が「ヤㇵウェ神」となっているのは、このためである。だが、わが国で一般に用いられている日本聖書協会訳（一九五五年以降）等では、両者は、一方が単に「神」、他方が「主なる神」とあるだけで、相違に気づきにくくなっている。聖書の各国語訳として宗教改革期にその基礎が据えられた独訳、仏訳、英訳があり[15]、その他にも、これらよりはるかに古いものとして、四世紀に成立した（旧約聖書の）ギリシア語訳（「セプトゥアギンタ（七十人訳）」[16]）および中世初期に教父ヒエロニムス（三四二―四二〇年頃）によって訳され、七、八世紀以降長らく教会で用いられ続けたラテン語訳（「ウルガータ（普及本）」[17]）がある。これらいずれを見ても、いま問題にしている区別は定かではない。たとえば、セプトゥアギンタでは、「エローヒーム」「ヤㇵウェ」の両方とも単数で単に「神 ὁ θεός」と訳されており、ウルガータでも同様に両方とも単数で「神 Deus」なのだが、後者に特に「主なる dominus」という形容詞が加えられて、「主なる神 Dominus Deus」と訳されている。両訳ともヘブライ語から、ギリシア語、ラテン語に訳されたものであった。

　そもそも、キリスト教の神概念の特徴は、ギリシア神話などに登場する神々（多神）とは決定的に異なって唯一神なのである。律法の最も基本をなすモーセの十戒の最初の戒めとして唱えられている、「汝、我のほか何者をも神とすべからず」、これである。唯一神たる神を複数形で「神々」（οἱ θεοί もし

くはDei）と訳すことは憚られたに違いない。聖書が西欧において正典化されるのは四世紀初頭（三九七年のカルタゴ会議）であり、セプトゥアギンタ、ウルガータともにほぼこの時期に前後して成立したものであった（前者はすでに紀元前三世紀に開始されたものであったが）[18]。ちなみに最初に正典として扱われたのは、ギリシア語訳のセプトゥアギンタであった[19]。

はや八歳で父親からギリシア語を教えられ、十歳頃にはすでにギリシア語のみならず、ラテン語にも習熟したばかりか、その後も近代の諸言語のほかに、ヘブライ語からアラビア語に至るまで修得していたため、「早熟の天才」と呼ばれ、父親の特別な奔走によって、例外的に十五歳の若さでテュービンゲンのシュティフト（神学寮）に入学したシェリングである[20]。得意の語学力を駆使して旧約聖書もヘブライ語原典で読んでおり、学士論文で参照、指摘する際にもはむろんそれを用いている。ラテン語の本文、注記のなかにふんだんにヘブライ語（それにギリシア語、あとわずかながらアラビア語）がちりばめられているというのが、学士論文なのである（次ページ図版参照）。

このように早くからヘブライ語の原典で聖書に親しんでいた少年シェリングは、学士論文では、創世記第一章と第二章とで神の名の表記が異なっていることを問題視し、それに対する自分なりの推測を試みている。彼は当然ヤハウェという名が、モーセがシナイ山で神より十戒を授けられた時、神によって示された語であったことを熟知している。それゆえ、彼はまず「モーセがはじめて彼の神にヤハウェという名を添えたのである」と、このことを確認した上で次のように問う。「なぜ一方でヤハウェという名が伝承に取り入れられ、なぜ他方でエローヒームという語が残っているのか」と。そうして彼は正し

inimicitiam Dii perpetuam sanciunt[I]. Quodsi vero mali moralis ini|tia descripta hoc philosophemate dicas, hæc profecto, quæ | sequuntur, meo quidem judicio, haud valde apta essent. Poterat philosophus alios mali I, 28 31 I, 29

I Orientalem μυθον esse meminerimus: abundat enim Oriens serpentibus venenatis & maxime periculosis, unde celebrata viatorum, quibus adversus illos se muniunt, τελεσματα. (*Bochart. Hieroz.* P. II. p. 387.)[1] Etiam illud odium in proverbium cessit. Ante Jovem etiam non fuisse venenatos serpentes fingit *Virgilius:* Georg. I. 129.

»Ille (Jupiter,) malum virus serpentibus addidit atris.«

Verbum שוף, quod h. l. occurrit, tantum in duobus aliis locis Job. 9, 17.[2] Ps. 139, 11.[3] deprehendimus. Quodsi cognatas linguæ hebrææ dialectos consulas, memoranda præcipue videtur sign. verbi *chald.* שוף. Idem enim notat quod hebr. דכא pro quo positum est etiam in vers. chald. Ps. 94, 5.[4] Idem verbum *Chaldæis* & *Syris* significat *fricare, limare, scalpere*, unde *chald.* משוף est *acuti* quid. Sed scimus etiam, verba media Wav & media geminata sæpissime inter se permutari. Atque ita chald. שף syr. ܫܦ idem quod chald. שוף, *conterere* nimirum, significant. Quid si igitur hunc significationum verbi שוף ordinem faciamus, ut 1) significet *lædere*, notione *generali*. 2)[a] deinde spec. lædere *conterendo* (chald. שוף), *fricando* (Chald. & Syr. שוף), *premendo*, unde 3) *prope ad aliquem accedere*, (quæ notio conspicitur in v. arab. سَافَ[aa], quod constr. cum accus. سَافَهُ *pressit eum* h. e. prope ad eum accessit, coll. | S. R. *Storrii Progr.* §. 1. not. A cit. p. 5.[5] & *Castelli Lex. heptagl.* col. 2494.)[6] hinc a prope accedendo 4) *odorare*, hinc 5) *explorare* (vid. *S. R. Storrius* l. c. p. 6.)[7] similiter ut arab. شَمَّ in Conj. III. notat *appropinquare, alicui* (etiam *hostiliter*, cfr. *S. R. Storrius* l. c. not. 9.)[8] & *odoratu aliquid percipere, explorare.* (*Gol.*[b] p. 1308.)[9] Ita verb. ar. جحف a *Golio* (p. 469.)[10] dicitur notare in Conj. I. *decorticare* (fricando) & *detrimento afficere, lædere*, deinde in Conj. III. i. q. زاحم[c] 31

I [a] SW: *generali*, 2)
I [aa] ED: سَاَفَ
I [b] ED: *Gol.*
I [c] ED SW: زاخم

89

シェリング『悪の起源論』第VI節の一部（新全集，著作第Ｉ巻，89ページ）

く、この相違の由来を資料の相違に求めている。創世記第一章の内容を「哲学的―神話的」、同第二章の内容を「歴史的」と特徴づけつつ。両者の指示の相違のみならず、内容の相違をも、彼は実に的確に捉えていたことが、このことだけからでも分かる。先に引用した指摘に対して、彼はそれにさらに注を付して、次のようなコメントを加えている。「われわれが……創世記に保存された哲理をモーセに負うと〔見なすと〕すれば、当然疑問が生ずる。なぜ彼がいったい、たとえば第一章における宇宙発生論に、»神々 *Deos*« を導入したのか、という。疑いなくモーセは、この宇宙発生論をそのまま変えずに〔記録として〕書きとめただけで、自分では何一つ書き加えなかったのだ。つまり彼はその単純な性格を保存したのだ。もしかすると、彼は唯一神ヤハウェを公言し始めていたより以前に、宇宙発生論を書きとめたのかもしれない。……」（AA I, 71; 113）。

シェリングはおそらくモーセ五書がモーセの作だというユダヤ教以来の伝承を暗黙の前提としたために、創世記をモーセの作と見なしたのではないかと思われる。もっとも、すでに指摘したとおり、彼はアイヒホルンの研究（『旧約聖書序説』第二巻、一七八一年）を通じて「創世記が極めて異なった資料から合成されて成立したものだ」（AA I, 67; 109）ということは十分承知していた。したがって、彼はモーセが創世記のすべてを書き上げたわけではなく、かのエジプト捕囚期にエジプトの祭司たちから獲得した知見をも利用したと想像している。その傍証として、「モーセがエジプトで象形文字を学んだ」（AA I, 68; 110）という説（エウセビオス『福音の準備』やユダヤのフィロン『モーセの生涯』やアレクサンドリアのクレメンス『雑録』で主張されている説）が挙げられている。今日でも創世記第一章は祭司階級によって書かれたものと見なされているから、このことは、シェリングの推測のセンスの良さを窺わせるものではある。もっとも、今日の聖書学では創世記第一章は、「祭司資料」に基づくものとされるものの、これは、すでに言及したとおり（エジプト捕囚（前十三世紀）よりはるか後の）バビロン捕囚期（前六世紀）以後と関係づけられている。ともあれ、シェリングの解釈は当時としては精いっぱいのものと見なしてよかろう。いやそれよりも何よりも、彼がヘブライ語原典に現れる相違をなおざりにせずに、それを資料の相違に関係づけることができたことのほうを高く評価すべきであろう。そうして、これが、聖書を歴史的かつ批判的に解釈するという、アイヒホルンに典型的に見られるような当時最新の啓蒙主義的聖書解釈の立場に彼が自身の解釈の足場を置いていたことによることを見過ごさないことにしよう。

3　ネオローグの聖書解釈とシェリングの聖書解釈

十八世紀、つまり啓蒙の世紀に入ると、聖書を神から霊感を受けた作者によって書かれた「神の言」であって、一字一句絶対的なものだとして教典に祭り上げる（ルター派正統主義神学の逐語霊感説）のではなく、あくまでも人間の手によって書かれたものとして、原典に批判を加え、それが書かれた歴史的状況から、それを歴史的批判的に解読するという、啓蒙主義的な聖書解釈が新たに登場する。ドイツではそれは、十八世紀半ばのミヒャエリスやゼムラーらによって開始、遂行され、アイヒホルンらによって発展される（彼らの説は新しいものであったので、「ネオロギー（新学説）」と呼ばれ、彼らは「ネオローグ」と呼ばれることになる）が、このような新しい聖書解釈の動きが、逐語霊感説に立つルター派正統主義（「オルトドクシー」）からの激しい抵抗を呼び起こすことになるのは、日を見るよりも明らかである。[21] これは、宗教改革後における「神学の危機」の時代の到来を意味する。こうした危機的状況は、シェリングが入学した頃のシュティフト（神学寮）内においても認められたが、カントの批判哲学の登場（八〇年代）がこれをさらに厳しいものにしていた。当時のシュティフト内における正統主義を代表するのがシュトルであり、ネオローグを支持する者がシェリングの父親の友人のシュヌラーであった。[22] シェリングの父親も、その友人のシュヌラーも、ネオローグの一人ミヒャエリスの強い影響下にあったのである。[23] シェリングが早くから父親からギリシア語、ラテン語はむろんのこと、ヘブライ語やアラビア語に至るまで、多くの言葉を学んでいたことについてはすでに触れたが、聖書解釈の方向をも父親から示唆されたに違いない。彼の父親は牧師であると同時にオリエント学者でもあったのである。しかも、彼はシュティフトに入学して二年内に学士論文をまとめるが、その折の指導教授は、先に名を挙げた父親の友人のシュヌラーにほかならず、彼はシュティフトにおいて、ミヒャエリスに倣った新しい聖書解釈を学生たちに教えていた。[24] 学士論文の末尾には、シュヌラーの「あとがき」が添えられているが、そこには一部シェリングの父親のことが触れられている（AA I, 100; 148）。

もっとも、シェリングが学士論文で基本的に依拠したのは、ミヒャエリスよりはむしろアイヒホルンであった。学士論文中での参照回数は、ミヒャエリスの場合、シェリングの指導教授であったシュヌラーの場合と同じく、ただの一回であるのに対して、アイヒホルンの場合（すでに言及した『旧約聖書序説』全三巻（一七八〇―八三年）や彼の他の書を含め）は九回である。いま一つここで指摘しておいてよいこと

ANTIQUISSIMI
DE PRIMA MALORUM HUMANORUM
ORIGINE
PHILOSOPHEMATIS GENES. III.
EXPLICANDI
TENTAMEN CRITICUM ET PHILOSOPHICUM

QUOD
RECTORE UNIVERSITATIS MAGNIFICENTISSIMO
SERENISSIMO DUCE AC DOMINO
DOMINO
CAROLO
DUCE WIRTEMBERGIÆ ET TECCIÆ REGNANTE
REL. REL.

PRAESIDE
CHRISTIANO FRID. SCHNURRER
LITTER. GRÆC. ET ORIENTALL. PROF. P. O. SEMINARII
THEOLOGICI DUCALIS EPHORO
ORDINIS PHILOS. h. t. DECANO
FAUTORE SUO AC PRÆCEPTORE PIE DEVENERANDO
PRO SUMMIS IN PHILOSOPHIA HONORIBUS RITE CONSEQUENDIS
DIE SEPT. MDCCXCII.
PUBLICE DISPUTABIT
AUCTOR
FRIDER. GUIL. JOSEPH. SCHELLING
LEONBERGENSIS
MAGISTERII PHILOSOPHICI IN ILL. SEMINARIO THEOL. CANDIDATUS.

TUBINGÆ, TYPIS SCHRAMMIANIS.

シェリングの学士論文『悪の起源論』（1792年）扉

は、当時、学士論文というのは指導教官の見解を弁護するだけの論文を書けば良かったにもかかわらず、彼は慣例を破って「自前の論文」を書いた[25]ということである。このことを、このミヒャエリスおよびシユヌラーへの参照回数が端的に示している。また、それが「自前の論文」であったことは、この論文が学生の学士論文であるにもかかわらず、例外的に公刊された（一七九二年九月[26]――Sept. MDCCXCII.――前ページに掲載した当論の扉を参照されたい）という、この一事のみからでも十分に窺われる。ところで、「自前の論文」を自前の論文たらしめているもの、それが聖書の神話論的解釈ならびに哲学的解釈にほかならなかった。前者は、（今日流に言えば）神話学の先駆者ヘルダー、それに古典文献学者ハイネの神話論や、あるいは特にハイネのそれを創世記の解釈に適用した旧約学者でネオローグの一人、これまで何度もその名を挙げたアイヒホルン――彼は今日では「旧約批評学の父」と呼ばれている――の解釈の方向に沿ったものであり[27]、後者は人類史を理性史と見なす哲学者カントの歴史哲学の方向に沿ったものである。以下、その内容を見てゆくことにしよう。まずは神話論的解釈から。

三　悪の起源の神話論的解釈

1　創世記第三章の神話的形象

学士論文でシェリングが主題とするものは、その表題から明らかなように、創世記の第三章、すなわち堕罪神話に含まれている「悪の起源」に関する哲理を解き明かそうというものであった。これは、言い換えると、正統派の神学が創世記の記述を「現実の出来事に関する物語」と理解するのと異なって、創世記成立期における当時のイスラエルやエジプトの様々な伝承より生じた「神話」として捉えようとするものである。[28] この点について、彼は、アイヒホルン（『旧約聖書序説』一七八一年）を参照しつつ、次のように言っている。

> 太古の世界のかの哲学者たちにとっては、われわれにおけるような理性は、もっと高次な事柄を探求するための導き手であった。なぜならば、太古の人々はすべてを感情と関係づけたからであり、彼らの言語と全素質は伝承の詩的で象徴的な形態を生み出したからである。彼らは自分たちの真理を》諸々の神話 μυθοι《という衣で装ったのであり、それによって人間の幼年時代の愛すべき単純さとそれと結びついた真理としばしば途轍もない偉大さとを白日のもとに引き出したのである。（AA I, 65; 107-108）

シェリングは、このような観点から、たとえば創世記第三章に登場する神話的形態、すなわち蛇、知恵の樹、ケルビム[29]の意味するところを——ヘルダーの指摘に従いつつ（『人類の最古の文書』中の「ヘブライ詩の精神について」一七七六年）——読み解いてゆく。「オリエント全体では、蛇は……狡猾、隠れた賢さの似姿と思われている。知恵の樹はオリエントの人々になじみの神話である。彼らはあらゆる事物のうちに暗い威力を予感したし、隠れた知恵をうちに含む樹、泉、石に関する秘密の自然学を夢見たのだ。

ケルビムも……疑いなく神話的存在であった」(AA I, 77; 120-121)。ケルビムには注記して、それがヨブ記に出てくる象やワニといった、オリエントの人々が「最深の真理として解釈しようとする」動物と同様に理解できる、としている(AA I, 78; 121)。[30]

確かに、期待したほどに神話形象の意味するところが解き明かされているという印象を与えるものではないにせよ、これが、時期的にまだ神話学が学として確立していない頃のものにすぎないということは指摘しておくべきであろう。シェリングが再三再四参照するヘルダーは、神話研究の歴史という観点から見れば、未だ近代神話学の先駆けとしての位置にあるにすぎない。ドイツに神話学としての最初の学派、自然神話学派が登場するのはようやく十九世紀後半のことである。[31] さらに、いま一つ付け加えて言えば、この点に限り、シェリングの神話論的解釈の「試み tentamen」は、たとえば、同時代に、同じ箇所を素材としながら、「想像力の翼」のみを頼りに作文された「作り話」(GS VIII, 109; 邦訳XIV、九五—九六)、すなわちカントの歴史哲学論文『人類史の憶測的始原』(一七八六年)とは性格を異にすると言ってよかろう。カントのこの論文は、当時新しく聖書の歴史的批判的解釈を遂行していたネオローグたちから、聖書を比喩的に引用するものとして批判されざるをえなかった。[32] シェリングはネオローグの中心的担い手アイヒホルンの方法に従って、学士論文における彼の聖書解釈を試みている。しかしながら、彼がまた、そこで「最も役立つ」と明記しつつ、その結論部(最後の二つの節、第VI節とVII節)の論述の下敷きにしたものは、カントのこの論文にほかならなかった。このように見てくると、シェリングの立場は実際問題として微妙なものとならざるをえないであろう。この点について、われわれはどのように評価すればよいのであろうか。何でもかでもシェリングをもちあげ褒め称えるというつもりはないけれども、筆者としては、教区牧師の息子として育ちながら、またシュティフト（神学寮）の学生の身でありながら、シェリングは少年らしく何ものにも囚われない瑞々しい精神をもって、最新の歴史的批判的聖書解釈と、こうしたものを一切顧慮しない自由な哲学的聖書解釈の両方に棹さしつつ、聖書（旧約）と対面した、と言ってよいのではないかと思う。議論が先走りすぎ、学士論文では最後に展開される哲学的解釈の問題に立ち入ってしまった。いまのところはまだ、彼の神話論的解釈の一端を垣間見たにすぎない。引き続き、その中身を見ていくことにしよう。

2　悪の起源としての知恵の目覚め

シェリングの学士論文は全部で七節から構成されており、いま上で見た創世記第三章に登場する様々な形象の神話論的解読は第Ⅳ節でなされていた。続く第Ⅴ節の冒頭で、彼は「この形象のもとにどのような意味が隠されているか、われわれによって注意深探り出されねばならない」（AA I, 77; 121）という課題を提起する。この課題に答えるために、彼はまず「神に対する人祖の不服従」のうちに悪の起源を求める、言い換えると「人間の悲惨、邪悪の原因」を「隠れた人間本性、悪への不断の傾向」に求める祭司たちの見解（AA I, 78; 122）を取り上げ、これを退ける。(33) なぜなら、この見解は、「なぜ詩人があの知恵の樹を取り上げたのか」という問いに答えることができないからである。知恵に目覚めたこと、善悪の区別を知ったことが「不幸の決定的原因」なのである（ebd.）。すなわち、人間にとって悪の起源とは、「人間の根源的な無垢からの分離、自然そのものという至福の王国からの最初の頽落、黄金時代からの最初の踏み外し」(ebd.)のうちにあるのである。

3　シェリングの神話に対するまなざし

シェリングは、創世記のうちに発見した先の意味を単にキリスト教的な枠組みのなかに押し込めずに、他の神話との関連という広がりのなかに置き直し再考する。「たとえば、ホメロスや特にヘシオドスによって神話のなかで伝承された、隠された真理、古い哲理が深く刻み込まれた痕跡を蔵している他の諸民族の多くの》神話 μυθοι《」は、創世記の哲理を読み解くのに役立つと考えられたからである(AA I, 66; 109)。そこでまず、創世記に盛り込まれた伝承が他の神話に含まれている伝承とも共通したものであることが確認される。「われわれは実際に確認する」――シェリングはこう言って、その確認内容を次のように語っている――「古代の諸民族の伝承は、人類の根源的な至福状態に関してのみならず、黄金時代からより悪い状態への踏み外しの記述に関しても、驚くべき仕方で互いに一致している」(AA I, 79; 123)と。

十五歳でシュティフトに入学する以前、ベーベンハウゼンにて、彼は十代前半の若さにありながら、父親の早期教育によって獲得した語学力と指導、それに父親の所蔵する蔵書を読破することによって、ギリシアやローマの古典に精通している。この精通ぶりがこうした発言にも如実に現れている。ここで例証として挙げられているものは、オウィディウス『変身譚』、タキトゥス『年代記』、ヘシオドス『仕事と日々』、プラトン『政治家』、ストラボン『地誌』である。「これらすべてが、人間の向こう見ずな大胆さを……悪の格別な原因と見なしている」(AA I, 79; 124)。

興味深いことには、古代ギリシアおよびローマの数々の伝承のなかから、シェリングは特にギリシア神話の一つ、パンドーラ神話に注目する。これぞ、ケレーニーも指摘していた意味での「神話素」[34]の実例と言ってよかろう。今日われわれは一口でギリシア神話と言うけれども、実際には、それは雑多なヴァリエーションのある「神話素」の集合でしかない。なるほど今日にも似て古代にもすでにこれを集成したものが編まれたようだが、それは今日遺っていない。われわれはこれを、古代の文物としては、現存する叙事詩のなかに「神話素」という形で見出すほかない。古代ギリシア最古の叙事詩が、トロイア戦争の英雄達の雄姿を歌ったホメロスの『イリアス』『オデュッセイア』であり、さらにそれに続く、天地の創造、神々の誕生を歌い、かつ神々の正義と人間の生との関連を歌ったヘシオドスの『神統記』『仕事と日々』[35]であったことは周知のとおりである。パンドーラ神話は、現存中最古のものとしては、ヘシオドスの二つの叙事詩に登場する。だが、シェリングが学士論文で、パンドーラ神話として参照し指示しているのは、『神統記』(特にその五六一行以下)である(AA I, 82-126)。そのため、こちらを中心に見ておくとしよう。それと密接に関連しているプロメーテウス神話も含めて。

4　プロメーテウス神話とパンドーラ神話

事はプロメーテウスとその弟エピメーテウスの誕生によって起こる。兄はその名のとおり(「プロ」は先を意味するので、「プロメーテウス」は先を見通す者、先に考える者という意味をもつ）、知謀に長けており、かかるがゆえに、劫罰を受け、弟はその名のとおり（「エピ」は後を意味するので、「エピメーテウス」は後で考える者という意味をもつ）、愚鈍であり、かかるがゆえに人間世界に禍悪を呼び寄せる媒介者とならねばならなかった（v. 510-513）[36]。

さて、プロメーテウスは牡牛を屠殺し、二つの取り分のうち、肉と内蔵のほうを人間に与えるために、ゼウスを欺いて骨のほうを取らせた（v. 536ff.）。ゼウスはこの謀《はかりごと》をそれと知りつつ、それに従い、人間に禍いをもたらす。彼は謀《はかりごと》の報復として、人間に火を与えようとしなかったのである。ところが、プロメーテウスはゼウスの裏をかいて火を盗み、人間に与える（v. 536-569）。だがこのため、プロメーテウスは縛られ、連日、鷲に肝臓をついばまれるという劫罰を受けることになる。

そしてゼウスは　策に長けたプロメーテウスを縛りつけた　桎梏《かせ》
すなわち冷酷な縄目でもって。桎梏縄を　太い柱のまん中に打ち込まれたのだ。
そして　彼に　翼長い鷲をけしかけられた　この鷲は
彼の不滅の肝臓を日毎喰らったが　肝臓は　同じ分量だけ生えだすのだった。
夜のまに　翼長い鳥が昼のまに喰らったのと同じ分量だけ。（v. 521-525）

このような神話を今日的に解釈すれば、われわれ人類が技術によって打ち立てた文明それ自身が、その技術そのものによってかえって、人類の崩壊、滅亡という危機を呼び寄せているということに対する奥深い教訓を含んでいると考えることもできる。つまり、プロメーテウスが人間のために盗み、それによって劫罰を受けることになった、その「火」を、技術文明の象徴と解釈するわけである。[37] ただこの問題はまた別の問題なので、ここではこれ以上立ち入らないことにして、神話に立ち帰ろう。

ゼウスは今度は、プロメーテウスが火を盗んで人間に与えたことに対する報復として、神々に命じて、最初の人間の女パンドーラを造らせ、神々と人間たちのもとへ連れ出す (v. 570-586)。この女を娶《めと》った者、それがエピメーテウスにほかならなかった (v. 511-513)。エピメーテウスが娶った美女パンドーラ(「オリュンポスの神々すべて(パンテス)が贈り物(ドロン)を授けた」ためにこう呼ばれる)から、人間世界にあらゆる禍悪がもたらされる。

……彼女から人間を破滅させる女たちが生まれた……
彼女たちは　死すべき身の人間どもに　大きな禍いの因《もと》をなし男たちといっしょに暮らすにも
忌まわしい貧乏には連合《つれあ》いとならず、裕福とだけ連れ合うのだ。(v. 590-593)

また　彼は　善きものの代わりに　第二の禍悪《カコン》を　与えられた。
すなわち　結婚と　女たちの惹き起す厄介事を避けて
結婚しようとしない者は　悲惨な老年に到るのだ

年寄りを世話してくれる者もないままに。（v. 590-605）

ところが　結婚という籤運《モイラ》を引き当てて〔妻を娶る者もまた〕
その胸のうちに　止めどない悲しみを抱いたまま　日を暮らすのだ
心と胸のうちに。これもまた　癒《いや》しようのない禍悪である。（v. 607-612）

パンドーラがエピメーテウスの家にあった大壷を開けたばかりに、そこに閉じこめれていた病気をはじめとする人間のありとあらゆる禍悪、災厄が飛び出し、世界中に蔓延する破目となった、という有名な話は、これまで見、そこから引用してきた『神統記』ではなく、『仕事と日々』のなかに出てくる。

5　聖書（堕罪神話）に見られる女性問題

太古においては、女性は一方的に悪者扱いされていて、たいそう分が悪い。旧約聖書の堕罪神話においても、蛇の誘惑に負けて禁断の樹の実を食べてしまうばかりか、男にもそれを食べさせたのは、人間の最初の女エバとされている。むろん、女にも男にも罰が下される。女には苦しんで子を生むという罰（創世記第三章一六節）、そして男には苦しんで食を獲るという罰（一七節）が下され、二人はエデンの園を追放される（二三節）。ここでは出産も労働も、ともに人間に罰として下された苦役と見なされていて、旧約聖書の女性観と労働観がよく現れており、考えさせられるところがある。

ともあれ、長らくシェリングから離れてしまった。このあたりでシェリングに話を戻そう。彼はこうした問題に対してどのような反応を示していたのであろうか。彼は（額に汗して働く直接労働とは無縁であったためであろう）労働問題には目もくれないで、特に人間世界に悪を呼び寄せた張本人が女であったことにのみ目を向けている。聖書の堕罪神話以外の他の神話に対しても目配せをきかせる彼にしてみれば、「あらゆる邪悪を地上にもたらしたヘシオドスにおけるパンドーラもまた女性である」（AA I, 91; 138）からである。そこで彼は、このような女性の扱いに対して、十七歳の少年らしく素直に次のような疑問を投げかけている。「より高いものを求める衝動は特に女性の素質、本性に当てはまる」（ebd.）というのだろうか、と。むろん、反語の形をとっているから、シェリングが女性をこうだと決めつけたわけではないにせよ、今日のフェミニズムの立場からすれば、「とんでもない」「どうして女性ばかりが強欲だと決めつけられなければならないのか」という反発をくらうことになるかもしれない。ところで、聖書に目を移せば、そこにも、フェミニストならずとも首をかしげたくなるような話が出てくる。周知のとおり、創世記では、女は男の肋骨一本から造られたとされる。その上、生みの苦しみに加えて、夫への渇望と隷属までが要求されて……。

さてヤハウェ神が言われるのに、「人が独りでいるのはよくない。私は彼のために彼にふさわしい助け手を造ろう」。……そこでヤハウェ神は深い眠りをその人に下した。彼が眠りに落ちた時、ヤハウェ神はその肋骨《あばらぼね》の一つを取って、その場所を肉でふさいだ。ヤハウェ神は人から取った肋骨《あばらぼね》で一人

の女に造り上げ、彼女をその人の所へ連れてこられた。（第二章一八、二一、二二節）

さらに女に言われた。
「わたしは君の苦痛と欲求をを大いに増し加える。
君は子を生むとき苦しまねばならない。
そして君は夫を渇望し、
しかも彼は君の支配者だ」。（第三章一六節）

パンドーラ神話とは反対に、性的欲求に身を焦がし苦悩するのは女のほうだとされている。またパートナーを支配するのも、女ではなく男のほうだとされている。こうした男女問題、夫婦問題(38)に関して少年シェリングがどのように反応したのかは、残念ながら分からない。彼はこれについては一言も語っていない。学士論文はそれを語る場所ではなかったからか。あるいはシェリングがまだ若すぎたからか。

6　シェリングのパンドーラ神話理解と人間理解

シェリングは、学士論文で創世記第三章における堕罪神話に定位して、悪の起源の問題を解明しようとしたのだったが、彼の神話に対する目配せの広さから、考察を聖書の堕罪神話のみに留めず、その他の古代ギリシアの伝承、叙事詩に見られるパンドーラ神話にまで広げたのだった。彼は、パンドーラが人類に悪を呼び寄せ、それを世界に蔓延させたたという、この神話に対して、「それは人間の悪の最初の起源に関する神話的な》哲理 *φιλοσοφουμενον*《フィロソフューメノン》《を表現している」（AA I, 81-82; 126-127）という評価を与えている。ここに見られるギリシア語の *φιλοσοφούμενον*《フィロソフューメノン》 という語形は、動詞 *φιλοσοφέω*《フィロソフェオー》（哲学する＝知恵を愛する）の現在分詞 *φιλοσοφέομαι*《フィロソフェオマイ》 の対格形である。周知のとおり、通常「哲学」と訳される *φιλοσοφία*《フィロソフィアー》 はギリシア語の語義どおりには「愛知（知恵を愛すること）」を意味する。ここでは実体詞としてのこの語ではなく、動詞、しかもその現在分詞が用いられているのは、「知恵を愛し形成する」その動態を指示するためと思われる。ただこれを端的に示す漢語熟語はなく、また突飛な造語も憚られるゆえ、結果としての「哲学」が形成される元のものとでも言うべき意味合いをもたせて、「哲理」という語を訳語とする。なお、この語 *φιλοσοφούμενον*《フィロソフューメノン》 に対して、シェリングは次のような注を付している。ここではこの点に注目しておこう。その注で彼は、ヘシオドスによって語られたパンドーラ神話を「秘密」が語られているものと見なしているある文法家（『ヘシオドスの書の解明』（出版年不詳）を著したヨハンネス・ツェツェスなる文法家）の、この見解を捉えて、それが「誤解」だとを批判している（AA I, 82; 126）。そうして、その上で、ハイネ（「ヘシオドスによって著された神統記について」一七八〇年）の次のような見解を引用している。「いにしえの詩人は、生の発明、特に火の助けを借りて労働する技術を説明するために、プロメーテウス神話を受け入れたように思われる。だが、パンドーラのなかには隠された潜在的な知恵の萌芽、すなわち技術、富、裕福を養い育てることに起因する生の悪がある」（AA I, 85; 127）。シェリングもハイネとともに、悪は知恵（の萌芽）に由来するパンドーラ神話はこのことをわれわれに示唆していると考えていたことが、この注記からも読み取れる。

ギリシア神話は、素朴で武骨な印象を拭えない聖書の創世神話、堕罪神話とは異なって、同じく素朴ではありながら、物語としてのふくらみと所行の生々しさという点で、われわれをより一層惹きつける魅力をたたえており、今日なお大いに人気があるのも無理からぬことと思われる。一昔前とはいえ、当然、少年シェリングもその魅力に囚われていたであろうと想像されるが、ここは学術論文、彼はこのような違いについては、「形こそ違え」とさらりと流し、「事柄では一致している」と、内容面での一致のほうに議論の矛先を向けている（AA I, 82; 127）。そこで彼が着目するのは「共通の人間本性」という問題である。そこでにわかに目につくもの、それが「われわれ自身のうちにある独特の葛藤」である。かたや際限なく欲望を満たそうとし、過剰なまでに幸福を求めながら、かたや理性の声に後ろ髪をひかれる。双方の間をいったりきたり揺れ動いているのがわれわれ人間というものである（ebd.）。ローマの詩人（ホラティウス）も歌っている（AA I, 84; 129）。

　　理知か放縦かを具えられた
運命のおかげで　だれ一人として
満足に生きはしない。

　　nemo, quam sibi sortem
Seu ratio dederit seu fors objecerit, illa

このような詩句を引用するに先立って、両極の間を揺れ動く人間本性のありようを、古代（前四世紀）の哲学者プラトン（『パイドン』『パイドロス』『国家』など）も、最近（十八世紀）の哲学者カント（『人類史の憶測的始原』）もともに鋭く見抜いていたことも、シェリングは忘れずに書きとめていた（AA I, 83; 128）。

四　悪の起源の哲学的解釈

『悪の起源論』第V節における神話的な考察を終えて、最後の第Ⅵ節と第Ⅶ節の考察に移るに際して、シェリングは、「批判的で哲学的な解釈にのみ取り組むであろう」と述べて、彼の論文の狙いが主題の哲学的解釈にあることをはっきり打ち出している。タイトルに「最古の哲理の批判的哲学的解釈の試み」とあるのは、このためであった。ともあれ、彼がこれから取り組む方向は二つ。一つは「人間精神の本性に基づく」ものであり、これが第Ⅵ節をなし、いま一つは「人類史に基づく」ものであり、これが第Ⅶ節をなす。神話の形をとって具体的な形象として示された創世記第三章の記述に、いったい「どのような真理が潜んでいるのであろうか」（AA I, 84; 150）。シェリングがどのようにしてその真理を探り出してゆくか、以下さらに、その真理探究の有り様を見ていくことにしよう。

1　創世記第三章一節―七節の解釈

第Ⅵ節では、シェリングは創世記第三章の記述の順に、その意味するところを読み解き、解釈している。記述の最初（一節から七節）はこうなっている。

一さてヤハウェ神がお造りになった野の獣の中で、蛇が一番狡猾であった。蛇が女に向かって言った、「神様が君たちは園のどんな樹から食べてはいけないと言われたというが、本当かね」。二そこで女は蛇に答えた、「園の樹の実は食べてもよろしいのです。三ただ園の中央にある樹の実について神様は、それをお前たち食べてはいけない、それに触れてもいけない。お前たちが死に至らないためだ、とおっしゃいました」。四すると蛇が女に言うには、「君たちが死ぬことは絶対にないよ。五神様が君たちがそれを食べるときは、君たちの目が開け、神のようになり、善でも悪でも一切が分かるようになるのを御存知なだけのことさ」。六そこで女がその樹を見ると、成程それは食べるのによさそうで、見る眼を誘い、知恵を増すために如何にも好ましいので、とうとうその実を取って食べた。そして一緒にいた夫にも与えたので、彼も食べた。七するとたちまち二人の眼が開かれて、自分たちの裸であることが分かり、無花果の葉を綴り合わせて前垂れを作ったのである。

蛇が女を誘惑する時のずる賢さ、狡猾さは、最初に女に接するその接し方に見事に示されている。蛇は女をいきなり誘惑するのではなく、誘惑という意図を表に出さずに、それとなく質問する形で、自らしくんだ罠に女を誘導している。まんまとその誘導にひっかかった女は、蛇の甘いささやきにやすやすと乗ってしまう。しかも男を巻き添えにして。少年シェリングはこの条を次のように読み解いて見せる。彼はまず禁断の樹の実を女に食べさせた蛇に注目し、だが蛇の誘惑の巧みさには関心を示さずに、蛇が約束したものの大きさを強調する。それが知恵であり、これは「あらゆるものを動かし、あらゆる方面から人に取り入る誘惑によって人間に忍び寄る」ものにほかならない、と。次いで、蛇に誘惑された女に目を移し、彼女の行動を、「迷いながらも、悪そのものに対して好奇心を起こし、樹の実の良さを吟味して、それを食べる」というように捉え、そこに人間における自由の意識、人間固有の自発性が生まれていることを指摘する（特に四節、五節）。そうしてさらに、最後の条（七節）を次のように解釈する。禁断の知恵の実を食べたことによって、「人間は特に善の法則の助けによって……善を悪から区別する」ことを知るようになる、つまり「必然的法則を意識するようになる」、ただし「ぼんやりと感じられる」という仕方ではあるが（AA I, 86; 132）。むろん、最後の条（七節）はこれだけのことを含意しているだけではなく、さらになお人類の「幸福な幼年期」をも暗示している。シェリングもこれを認め、これが聖書以外の古代の伝承に一致して認められる点であることを強調しつつ、「幸福な幼年期」では、人間は「善悪を知らずに生きている」のだということと、また、「全人類の黄金時代があったように、個々の人間にもまた確かにそういう時代がある」（ebd.）と主張する。

2　人類史と個人史の一致

古代の叙事詩には、黄金時代、人間がなお無垢であった時代へのノスタルジーがこだましていることは確かだが、われわれが注目しなければならないことは、シェリングがここで、黄金時代を単に神話上の話に終わらせずに、それにわれわれ一人一人の幼年期の経験を重ね合わせている点である。これによって神話は、遠く離れた太古、過去の話ではなく、われわれ一人一人、自分自身の話となる。

名を改むれば、話は汝について話されたるものなり

mutato nomine de te fabula narratur

ローマの詩人（ホラティウス）も歌っているとおり、名前を入れ換えさえすれば、話はわがこととなるのである。

後年、たとえば父を殺し母と交わったオイディプス（エディプス）の神話を、われわれの思春期の危機的な状況に読み替える心理学者も現れるが（『夢判断』一九〇〇年のフロイト）[39]、ここでのシェリングの解釈は、こうした一連の新しいタイプの神話解釈の先駆けをなすものと見なしてよいかもしれない。いやそれどころか、キリスト教の教義学の伝統を打ち破る可能性をも秘めていると見なすことさえできるかもしれない。創世記第三章で説かれている原罪を教義学がどう扱っていたかを見れば、このことがはっきりする。キリスト教の最初の偉大な宣教者パウロ（ロマ書第五章）は、罪が人類に普遍的なもので

あることを説くために原罪を持ち出し、これを受けてさらに初期教父を代表するアウグスティヌス（『神の国』第一四巻）が生殖による子孫の誕生によって原罪は受け継がれてゆく（遺伝してゆく）ものであることを説いて以来、これがキリスト教教義学の根本教義となるのだが[40]、これは、遠い過去にアダムとイブが犯したたった一回の過ちを、今日のわれわれが、なぜわがこととして背負わなければならないのか、という信者の素朴な疑問に答えるための方便としか言いようがないものであろう。遺伝しようがしまいが、シェリングのような立場に立てば、歴史的出来事であれ神話的説話であれ、そうしたことにかかわりなく、事はわれわれ自身の問題となるはずである。

いきおい、「全人類の黄金時代があったように、個々の人間にもまた確かにそういう時代がある」というシェリングの主張につられて、筆を走らせてしまった。もう一度この主張に立ち戻って言えば、興味深いことに、彼はこの主張すなわち「個々の人間の歴史と全体の人類の歴史との一致」（AA I, 86; 132）という主張の論拠として、ライプニッツの次の言葉[41]を挙げている。

人間の精神は全体の鏡である。
Animum humanum est speculum Totius. (ebd.)

ライプニッツのこのテーゼは、単純実体（モナド）が全宇宙を映す鏡である、とする後のモナド論の根本思想の一つを別の形で表現したものであるように思われるが、シェリングはこれを歴史のコンテクストにおいて、個人史と人類史との一致を導き出す論拠として用いたわけである。彼はこの一致を、「太古の人類史を研究する際にきわめて役立つ」として、「人類の哲学的歴史が少なくとも比較するという仕方でアプリオリに叙述されうる」(ebd.) 論拠としても活用しようとする。「私には、論文作成上、最も役立った」(AA I, 65; 105) とシェリング自身明記し、学士論文中繰り返し参照するカントの歴史哲学論文『人類史の憶測的始原』(『ベルリン月報』一七八六年一月)が、創世記の最初の数章の記述に導かれつつ、人類の始まりを「憶測的」に「虚構」として描いている(GS VIII, 109; 邦訳⑭95)[42]、彼の歴史叙述の虚構性を方法論的に乗り越える手だてとして、シェリングはライプニッツのテーゼを引き合いに出してきたのかもしれない。

ライプニッツという人は数学の才にも恵まれて、ニュートンとは独立に微分法を発案した(今日われわれの使っている記号はライプニッツのものである)ばかりでなく、創造力に富んでおり、二十世紀に入って確立される記号論理学という現代論理学につながるアイデア(普遍記号学の構想)さえ三世紀も遡る十七世紀に打ち出していた。十七世紀は「天才の世紀」と呼ばれることがあるが、彼はまさにこの世紀を代表する天才数学者であった。むろん哲学においても同様で、だが今度は逆に古代もしくは中世盛期スコラの「実体形相」の概念を重用して、それに表現概念を結び付けた独特の個体概念を提唱した[43]。これが彼の有名な「モナド」であり、これはすでに見たとおり、「全宇宙を映す鏡」と見なされた。いま見たシェリングによるライプニッツ説の活用は、十七世紀の天才に十九世紀の早熟の天才が食いついたと言ってよいかもしれない。あるいはまた、若きシェリングは後年、「超越論的歴史」という独特の歴史概念を用いて自身の体系を創り出そうとする。初期シェリング研究ではこれまで、これはフィヒテとのみ関係づけられてきたのだが、ライプニッツの先のテーゼと関係づけることができるかもしれない。もしそれが可能だとすると、これは初期シェリング解釈にとって大変興味深い話となろう[44]。ともあれ、ここは、カントの人類史論に目を移すべきところである。新しい方法論に基づくはずのシェリングのアプリオリな歴史叙述も、残念なことに内容的な一致という点から見れば、カントのそれと大差のないものというふうにしか見えない。

3 カントの人類史論

すでに言及したとおり、カントは、歴史哲学論文『人類史の憶測的始原』のなかで、創世記の最初の数章の記述に導かれつつ、人類の始まりを「憶測的」に「虚構」として描いていた。だがそれに留まらず、その叙述の後に、さらに全体に対する「注」、いわば総注のようなものを付し、そこで人類史全体について見通し評価を下してもいた。そこで彼は、創世記における堕罪の物語のうちに人間における悪の始まりを見ている。彼は言う。「自然の歴史は善から始まる。それが神の御業だからである。しかるに自由の歴史は悪から始まる。それが人間の仕業だからである」(VIII, 115; ⑭ 104)。とはいえ、これは人間の「類」としてであって、人間「個人」にとっては、堕罪は理性と自由との獲得を意味する。すなわち、それは「本能という歩行器から理性という導き手への移行」、言い換えると「自然による後見から自由という身分への移行」にほかならない(ebd.)。シェリングによる堕罪の解釈も、カントのこの解釈と一致している。

シェリングも、堕罪を人間の理性（したがってまた自由）の発生、出現と捉えている。「われわれは、この時代から見捨てられた時、人間的な悲惨に陥ったし、また同時にわれわれ自身を意識し、何が善で何が悪かを洞察した時、理性の導きに従い始めた」（AA I, 87; 132）と。両者の一致はこれのみに留まらず、さらに人類史の歩み、方向性という点においても認められる。カントはこの論文で、人類史を悪から善への前進、進歩として捉える旨を高らかに宣言するのだが（ebd.）、シェリングもこれを支持し、これにつき従う。これが、彼の学士論文の最終節（第Ⅶ節）の論述となる。だが、われわれは最終節の論述を見る前に、カントとのいま一つの関連についても触れておかねばならない。それは、「人間の本性における根源悪について」と題されて、先の場合（「人類史の憶測的始原」）と同じ雑誌『ベルリン月報』の一七九二年四月に掲載された論文[45]との関連である。

五　カントの『根源悪論』

1　悪の時間起源と理性起源

一方のタイトルは「人間的悪の起源について」であり、他方のタイトルは「人間的本性における根源悪について」である。タイトルだけからでも類似は明らかである。両者の間で主題が重なっている。しかも、シェリングの学士論文は、すでに指摘したとおり、その完成時期も一七九二年四月から九月の間と推定されている。論文中、引用、言及、参照されたもののうち最新のものが、カントの『根源悪論』であり、学位を授与されたのが九月だからである。

さて、カントの『根源悪論』の根本特徴は、堕罪を悪の「時間起源」としてではなく、「理性起源」と見なすということである（VI, 39; ⑩ 52)。「時間起源」として悪の起源を求めるならば、時間系列をより先にある原因へと順次たどっていけば、結局それは人祖が最初に犯した罪に行き着くことになるが、これを逆にたどれば、まさしく教義学の例の原罪遺伝説――原罪は両親の生殖によって子孫に継承相続される、つまり遺伝する――となる。彼は、ローマの詩人（オウィディウス）が善について歌っているのを悪と読み替えて引用しつつ、これをきっぱりと退けている。

道徳的悪が生殖によって最初の両親からわれわれに及ぶと見なすほど最悪な見方はない。「一族も先祖もわれら自ら為さざりしことも、みなわれらのものと見なされざりし」。(VI, 40; ⑩ 53)

そもそも因果的時間系列をたどるという思考法は、悪行を自然事象として「自然的原因」にかかわらせ、これを「何らかの先行状態から」導き出すことになってしまい（VI, 39-40; ⑩ 53)、したがって、ここには「自由な行為」が入り込む余地はない。そこでは行為の責任は何ら問えないからである。「自由な行為そのものに……時間起源を求めるのは矛盾」なのである（VI, 40; ⑩ 53)。

あるいはまた、われわれ人間が生まれながらに悪という素質をもっており、悪行がこの素質の単なる発露だと見なす場合もまた、われわれは行為の責任は問えない。悪いのは私ではなく、両親か、あるいはその先の両親か、あるいは最終的に（神がわれわれを創造したとすれば）神ということになるからである。すなわち、神の世界創造ひいては人間創造は同時に人間的悪の創造でもあった、ということになるからである。カントの立場はこれとは対極にあって、彼は人間の根源的素質を首尾一貫して善と見なしている。この点については後に考察することにして論を先へ進めよう。いま議論しているのは、責任という問題であった。考えるに、責任が問える行為というのは、結局、唯一、自由な行為のみなのである。カントに言わせれば、「われわれは悪行の時間起源は問えず、問わねばならないのは悪行の理性起源のみである」（VI, 41; ⑩ 55）。そこで、われわれがそれを問うとすれば、それは、「あたかも人間が無垢の状態から、直接、悪行に陥ったかのように見なさねばならない」（ebd.）ということになる。彼によれば、このことを非常に見事に、だが「歴史」——生起した出来事——として語って見せてくれているのが創世記の堕罪物語である。「これは悪の起源を人類における悪の始まりとして活写している。見事にこれは悪の起源を歴史のなかに表現している。（時間という条件を顧慮せずに）事柄の本性上最初のものと考えねばならないものが、時間上最初のものとして現れるという歴史のなかに」（ebd.）。カントは創世記の第二章と第三章とを、このような観点から読み解いているが、このような観点に立つ以上、当然、堕罪の物語は遠い昔の出来事、歴史ではなくなる。これは日々われわれがその行為において直面している状況そのものと見なされる。彼は（われわれがすでに上に引用したのと同じ）ホラティウスの詩句を引き、またパウロの言葉（ロマ書第五章一二節）をも引きつつ言う。

「名を改むれば、話は汝について話されたるものなり」。われわれは日々これとまったく同じように事を為している。「アダムにおいてすべての人は罪を犯した」のである。(VI, 42;⑩56)

2 なぜわれわれは悪をなすか、アダムの行為を繰り返すのか

残る問題は、なぜわれわれは悪をなすか、アダムの行為を繰り返すのか、ということである。すでに指摘したように、カントは人間の根源的素質を首尾一貫して善と見なしている。この立場に立つならば、「道徳的悪が最初にどこからわれわれの内に到来できたか」という問題を解き明かす「分かりやすい根拠などない」ということにならざるをえない。にもかかわらず、「聖書はこの不可解を、歴史物語によって」解き明かしてくれている(VI, 43;⑩57)。すなわち、「聖書は、悪を世界の初めに出してくるが、それは人間におけるそれではなく……ある霊におけるそれである」。悪の始まりがわれわれにとって不可解なのはこのためである。聖書では、「人間が悪に落ちたのは、誘惑、これのみによるのであって……人間は根っから腐敗しているわけではなく、なお改善の見込があるものとして表現されている」(VI, 43-44;⑩58)。

ずいぶん楽観的な人間観のように見えはするが、カントは創世記の堕罪をこのように理解し、かつそれが自身の実践哲学、道徳哲学の基本的立場と一致するものであることを確信している。彼は宗教論文『根源悪論』のなかで、人間本性に善への根源的素質が具わっていることを、『実践理性批判』(一七八七年)で明らかにした次のような「道徳感情」(V, 75;⑩231)によって根拠づけている。すなわち、人間

のうちにある道徳法則に対する「尊敬」（V, 74ff.; ⑩ 230）の感情によってである。人間には、各行為に際して、様々な動機のなかから普遍的な法則に合致する行為の動機を優先的に選択できるだけの感受性が具わっているというわけである。『根源悪論』ではこれを、「道徳法則に対する尊敬を選択意志のそれだけで十分な動機として感受できること」と定義している。これが彼の考える「人格性」にほかならない（VI, 27; ⑩ 36）。だが、それならば、人間はつねに道徳法則に合致した行為のみを為すというのであろうか。事実は否である。

3　人間は生まれつき悪である

経験的に見るかぎりでは、この世は様々な悪行で充ち満ちていると言わざるをえない。カントもむろんこのことを認めている。いやそれどころか、人間の心には「性悪さ」と呼んでよい傾向すら巣くっていると考えている。これは、道徳法則を意識しながらも、それを行為として実行できない「脆弱さ」でもなく、道徳的動機に不道徳な動機を紛れ込ませてしまう「不純さ」とも異なって、道徳法則に基づく動機を他の（道徳的でない）動機よりも軽視してしまう「性癖」、言い換えると、道徳法則を意識しながらも、これから逸脱してしまう「性癖」である。この「性癖」は一言で言えば「堕落」であるが、法則と動機との関係つまり「道徳的秩序」を転倒させるという意味では、「倒錯」でもある（VI, 29-30; ⑩ 38-39）。これは「人間は生まれながらにして悪である」とする性悪説にわれわれを陥れかねない、したがってまた、彼の道徳哲学の支柱である「道徳感情」をも揺るがせかねないものであるにもかかわらず、[46]

彼はこれを人間本性のうちに深く根づいている「生得の根源悪」(VI, 32; ⑩43) として、その威力を認めている。だが、彼にとって、「性癖」とは、それがどのようなものであれ、「人間性一般にとって偶然なかぎりでの傾向性を可能にする主観的根拠」にすぎない。それゆえ、彼はこれを「素質」から厳密に区別する。それは、「生得でありうるにせよ、そのようなものと見なされてはならず……、(それが悪である場合) 人間自身によって自分で引き寄せられたものと考えうる」(VI, 29; ⑩38)。

4 そもそも悪はどこから来たのか

これが、先ほど見た聖書の堕罪物語がわれわれに示唆している哲理でもあった。すなわち、「人間が悪に落ちたのは、誘惑、これのみによる」のである。ただ、かの誘惑者 (蛇) ――これを彼は「元来は人間よりも崇高な使命をもったある霊」と見なしている――における悪はどこからきたのか、という問題はなお残る。カントも「かの霊にあっては悪はどこから来たのか」と問いながらも、問いかけただけで、この難問をただ「不可解」なままに放置している (VI, 44; ⑩58)。この種の問題と本格的に取り組んだもの、それが、実は後年のシェリングの『人間的自由の本質』(一八〇九年) にほかならない。だがこの論作は、カントの『根源悪論』が世に出て、したがってまた少年シェリングの論文が世に出て十数年も後のもの (シェリング三十四歳) である。[47] カントの場合と同様に、十七歳の折の少年時代の論文は、この難問にまだ取り組んでいない。少年シェリングがその学士論文でカントの『根源悪論』に触れたのは二回。一回目は論文第Ｉ節冒頭の問題提起の箇所に付した注のなか。ヘルダー、アイヒホルン、ライプニッツ、プラトンと並んで（AA I, 43-44；105-106）。二回目は、第V節で、「人間の悲惨、邪悪の原因が人間の隠された本性、悪への不断の性癖」にあると論じて、それに注記して、『根源悪論』の序論の冒頭部分を引用している（AA I, 78；122）。「この世が邪悪だというのは、歴史始まって以来の嘆きである。いや歴史以前の詩文芸と同じくらい古い嘆きですらあり、それどころか、あらゆる詩作のうちでも最古のそれ、つまり祭司宗教以来の嘆きなのである」（VI, 19；⑩25）。シェリングはなるほど本文で「悪への不断の性癖」という「根源悪」概念に通ずるであろうカント的用語を用いてはいるが、カントが試みたこれの「素質」との注意深い、だが微妙な区別や、あるいはこれがカントの道徳哲学、実践哲学の支柱を揺るがせかねない危険性を孕んだものであることなどについて意識していたかどうか。本文でのカント的用語の前後の言葉遣いおよび『根源悪論』からの引用箇所を見るかぎり、それは感じられない。歴然としているのは、むしろカントの歴史哲学論文とのつながりのほうである。「私には、論文作成上、最も役立った」（AA I, 65；107）と彼自身告白しているのも、こちらのほうである。以下、最後に、シェリングがカントの歴史哲学論文を下敷きにしつつ、悪の起源の問題を人類史的にどのように解釈していたかを見ることにしよう。

六　カントの人類史論

1　『人類史の憶測的始原』（一七八六年）における人類の特権視

シェリングが学士論文最後の節で下敷きにしたカントの歴史哲学論文は、すでに指摘したとおり、一七八六年一月に『ベルリン月報』に掲載されたものであったが、これは実は、前年の一月に『一般文芸新聞』に掲載されたヘルダーの『人類史哲学考』に対して加えた彼の批判を受けたもので、そこにも明らかに同様の批判がこめられていた。ヘルダーは『人類史哲学考』（第一部、一七八四年）のなかで、人間の形成を、自然主義的に自然史の一環として描き出していた。それによれば、人間は、地球上における被造物の連続的、上昇的形成の系列の最終項にほかならなかった。カントはヘルダーによる人間を自然の連続的な進展として自然の一部と化してしまうような自然主義的な人間の捉え方に猛烈に反発する。[48]これは、かつてライプニッツがモナド論という独特の説のなかで、物質から精神の発展を連続的なものと見なした時、これに対してすぐさまカトクックの神父が人間を獣と一緒にするとんでもない説だと猛反発した[49]のとよく似た事態にほかならない。両者の反発には、人間が自然はむろんのこと、他の動物と決定的に異なった霊的存在者だとするキリスト教的な揺るぎない確信が控えていた。すでに強調した、神は自身に似せてわれわれ人間を創造されたという「神の似姿 imago Dei」としての人間という確信である。この人間観は、単に人間を他の動物から区別するというだけに留まらず、人間は動物さらには自然全体に対する支配者としての特権を神から授けられているという、独特の人間中心主義的な特権意識（自然支配の特権意識）と結びついている。すでに引用したとおり、「われわれは人をわれわれの像《かたち》のとおり、われわれに似るように造ろう。彼らに海の魚と、天の鳥と、家畜と、すべての地の獣と、すべての地の上に這うものとを支配させよう」と神は言い、人間を創造したのであった（創世記第一章二六節）。カントの場合、むろん、キリスト教護教べったりというわけではない。いやそれどころか、彼は理論的には、神学が行ってきたあらゆる神の存在証明を否定しさえし、こうした伝統的な合理神学から袂を分かつ。彼の新しい立場――これが「批判主義」の立場である――によれば、神の存在は、実践的にのみ、すなわち人間の道徳的行為、努力が無意味なものにならないためにのみ「要請」という仕方で認められる（これは「実践的要請論」と呼ばれる）。これが彼独自の道徳哲学、実践哲学の核心にほかならなかった。著作で言えば、いま指摘した前者の課題を果たしたものが、かの第一批判『純粋理性批判』（第一版一七八一年、第二版一七八七年）であり、後者の課題を果たしたものが、かの第二批判『実践理性批判』（一七八八年）である。両批判合して確立されたカントの批判主義的実践哲学、実践的要請論は、当時の伝統的な正統派の神学に衝撃を与え、これを根底から揺さぶることになる（後年、シェリングもこれに加勢することになる。『哲学的書簡』一七九五年）[50]。ともあれ、ヘルダーに対する論評（一七八五年）で、彼の人類史論を批判し、それを受けて『人類の憶測的始原』（一七八六年、以下、『始原論』と略記する）を著した時期は、ちょうど第一批判を完成して、第二批判を書き上げる直前に当たっていた。第一批判で確立された批判主義の成果である道徳哲学の要は、自然法則が支配する自然因果性の秩序（理論哲学の領域）と道徳法則が支配する自由の因果性の秩序〔実践哲学の領域〕とを截然と区別することにあったが、これはキリスト教に置き換えて言えば、「神の似姿」として人間を他のあるゆるものと区別するという、まさしくかの人間中心主義的人間観とぴったり対応していた。右で指摘したように当時としてはきわめてラディカルであったカントの批判主義的実践哲学も、ただキリスト教的な人間の特権視とは手が切れていなかったと言わざるをえない。『始原論』の次の一節は、このことをあますことなくさらけ出している。

理性は、人間を動物とのつきあいを超絶した高みに置いた。人間は〔おぼろながらも〕理解した。人間はもともと自然の目的であり、地上に生きるもののなかには、この点で自分の競争相手になれるものなどいないのだ、と。人間が羊に向かってこう言ったのが事の始まりだった。「おまえが身につけている毛皮は自然がおまえに与えたものだが、それはおまえのためではなく、私のためだ」と。こう言って人間は羊から毛皮を剥ぎ取り、自分の身にまとった〔二一節〕。〔創世記第三章二一節「ヤハウェ神は人とその妻とのために皮の着物を造って。彼らに着せられた。」〕人間は気づいた。その自然本性のために、あらゆる動物を支配する特権をもっている、ということに。いまや動物たちのことを、自分と対等の仲間として創造されたものと見なさず、むしろ自分の勝手な意図を達成するために、自分の意志に委ねられている手段、道具と見なすようになった。（VIII, 114 ; ⑭ 101-02）

だが、人間はこのかぎりではない。人間は他の人間を「自然の贈り物を平等に分かちあう者と見なさなければならない」。カントは、先ほどの創世記第三章二一節に続く次の節――「さてヤハウェ神が言われるのに、『御覧、人はわれわれの一人と同じよう善も悪も知るようになった。今度は手を伸ばして生命の樹から取って食べて、永久に生きるようになるかもしれない。』」――を念頭に置きつつ、「人間はあらゆる理性的存在者との平等……に達した（第三章二二節）」と主張する。「すなわち、人間はそれ自身が目的であり、あらゆる他人から目的として尊重され、何人からも他の目的のための手段として使用されることがない、という権利要求に関する平等にである」（ebd.）。このような捉え方は、カントが別の著作（『道徳形而上学の基礎づけ』一七八五年）で、すでに「最高の実践的原理」と名づけていたものにほかならなかった。すなわち、

自分の人格のうちにも、あらゆる他人の人格のうちにもある人間性を、常に同時に目的として必要とし、けっしてただ手段としてだけ必要とすることのないように行為せよ。（IV, 429; ⑦65）

これである。[51]

2　カント倫理と現代倫理

確かに、他人を利用するのみならず犠牲にしてまで自己の目的（それが何であれ）を遂げるというような人間関係、社会は人間的、道徳的ではありえない。そこには人間性なり人間の尊厳なりは粉微塵に砕

かれている。これはそのとおりであろう。しかしながら、これも人間世界にかぎった場合、しかも不変な環境のもとにあるという不可欠の条件に基づく人間世界にかぎった場合のことである。条件が変われば、われわれは、またまったく異なった倫理的要請を考えなければならなくなる。そもそもカントの目的自体の考え方も、その前提には、自然目的としての人間（キリスト教的には「神の似姿としての人間」）という人間中心主義的考え方があった。前提と帰結、双方とも、それを支えてきたイデオロギー問題は別にしても、事実問題ただそれだけを取ってみたとしても、再考を要請されている。今日では、条件がすっかり変わってしまっているからである。二十世紀後半に明らかになった環境破壊の問題、成長の限界という問題がこれである。周知のとおり、従来どおりのわれわれの生活様式をそのまま続けてゆけば、人類に未来がないということがすでに明らかになっている。このような危機的状況のなかから、一九七〇年代に入って新しい現代的な倫理学（「応用倫理学」と呼ばれる）が続々と登場してきた[52]。たとえばそのなかの一つ環境倫理学では、われわれ人間のみならず、生命そのものの生存の危機を前にしては、これまでのように権利を人間のみに限定せず、動物さらには自然物そのものにまで権利を拡張することによって、この危機に対処すべきことが唱えられている[53]。これは一種の自然主義的倫理と言ってよいかもしれない。ここで、かつてのヘルダーとカントの関係が逆転してくる。人間倫理、人類史が自然倫理、自然史から反発をくらう、というように。もっとも、自然主義に立てば、それですべて難題が解決するというほどに、事は単純ではないけれども。

いろんな点で、今日の新しい倫理は、従来のカント倫理と異なってきている。人間の尊厳と言おうが、何と言おうが、ありていに言えば、それは命あっての物種というわけである。ただ他者の手段化というあり方は、自然開発や技術開発というあり方と密接に結びついており、この点では、かえってカントのような古い人間尊重の倫理学が有効とも考えられる。先端技術による生命操作のような場面では、なお従来型の尊厳倫理（「生命の尊厳」）が先端技術の暴走に歯止めをかける役割を果たすからである。例のキリスト教倫理は、ここでは先端技術の暴走を食い止める方向で機能している。実際問題としては、脳死、臓器移植の問題等、われわれの生命にかかわる倫理問題に関して積極的な役割を果たしているのは、西洋においては神学者たちである。現代倫理の中心概念である責任概念は、もとを糺せば、カトリックの神学者であったハンス・ヨナスによって確立された。彼によれば「同時性の倫理学」と特徴づけられたカントの「古い命令」を未来を取り込んだ「新しい命令」に転換させるという仕方で（加藤尚武監訳『責任という原理』東信堂、二〇〇〇年、二二頁）。[54]

カントの古い命令――「君の意志の格率（行動方針）がつねに同時に普遍的立法の原理として通用するように行為せよ。」

ヨナスの新しい命令――「君の行為のもたらす因果的結果が、地球上で真に人間の名に値する生命が永続することと折り合うように行為せよ。」

七　シェリングによる悪の起源の人類史的解釈

1　黄金時代への回帰

話を再びシェリングに戻そう。彼の学士論文の場合には、カントの歴史哲学論文に認められるほどに強烈なキリスト教倫理との密着は認められない。カントのそれに比して目立つのはむしろ、回帰史観の強烈さである。もっとも、カントも『始原論』の「注解」では、「人類の使命が完全性に向かう進歩のうちにある」こと、「人類の道徳的使命の最終目標」が「完全な人為が再び自然となる」ことだと指摘してはおり（VIII, 115, 116; ⑭ 104, 105）、これもカントの示唆を受けたものには違いないが、シェリングの場合は、本文のなかで、しかも人類史を、始原から中間を経て終着（始原回帰）に至るという三段階の歴史として描いている。

時代は再びかつての黄金時代に復帰する……ただし、理性の導き指導のもとで。（AA I, 99; 147）

これが、シェリングの学士論文『悪の起源論』の最後の言葉、結論である。ここで見逃してならないのは、末尾のただし書きであろう。すなわち、黄金時代への復帰（楽園回復）と言っても、これは単なる復帰ではなく、別のレベルでの理想郷の実現である。つまり、彼は「全人類史の究極目標とは、全人類が理性の全一支配に復帰することだ」(ebd.) と述べているからである。ここで用いられた同じ言葉を用いて言えば、かつての黄金時代においては、全人類は自然の全一支配のもとにあったのだった。したがって、歴史は自然から理性へ、悪から善への歩みを歩むということになる。それでは、歴史発展の動力はどこに求められることになるのであろうか。それは、彼によれば人間本性の二面的、葛藤的性格にあった。カントの場合、創世記の第二章以降の記述に沿いつつ「憶測的歴史」が綴られる。彼自身が用いた比喩に従って言えば、聖書を「地図」として用いた「遊覧旅行」として人類史の始原が綴られる (VIII, 109；⑭ 96)。このようなものとして、歴史発展の動力というものは必要ない。時間系列に従った出来事の継起的記述でよい。これに対し、シェリングは、人間本性のあり様を歴史発展の原理に据える。この原理そのものまたカントの道徳哲学に倣ったものではあったが。

2 人間の本性の二面的性格

さて、最終節の一つ前の節 (第Ⅵ節) において、シェリングは、人間の堕罪・原罪すなわち黄金時代からの追放 (失楽園) を理性と自由の発生、出現と解釈したが、この成果を受けて、ここ最後の節 (第Ⅶ節) の冒頭で、「大きな困難な問題」として次のように問いを立てている。「いかにしてわれわれのうちに発生した文化もしくは理性の始まりが、また人間的悪の始まりになりえたか、なぜわれわれは当時あれほど並外れて幸福だったのに、あらゆる理性使用によって、すなわち実際われわれのもつ尊厳によって、そこから遠く離れてしまったのか」(AA I, 95；140-141)。このような問いに対して、人類史の観点から解答を与えようとするのが最後の節の試みである。この問いに答えるための前提的理解として、彼はまず人間が二つの異なった世界、領域に属していることを確認する。

(1)「一方で、人間は感性によって縛りつけられている」

(2)「他方で、人間は英知界の住人である」(AA I, 93; 141)

ここ学士論文最終節におけるシェリングは特にカントに見られる感性における自然必然性と理性における自由の自発性との区別――これらが人間のうちで一つに結び合わされると、そこに矛盾が生ずる――に着目している。「感性に縛られた人間の前に提供されているものはまったく自然の受容性に委ねられているか、あるいは感覚の要求を充たすように自然を限界づけるかのどちらかである。これに対して、英知界に居る人間はつねにより高度なものを要求する英知的本性にかなうために、自分自身の自発的な自己限定に対して最も高い関心を抱いている。実際のところ、自然が必然性に基づき、自発性が自由に基づく時には、われわれはわれわれ自身と矛盾に陥る。すなわち、われわれは自身を限界づけるという課題を果たさなければ、感性的人間が英知的人間を支えることもできなければ、英知的人間が感性的人間を支えることもできない、という矛盾に陥る」(AA I, 94; 141)。このような矛盾――そこから人類史が構成されるべき矛盾――を指摘して後、シェリングは人類史を具体的に描き出す。

3 人間的悪の始まり

カントの場合と同様に、創世記第三章の二節と三節を指示しつつ、彼はまず「本能」を持ち出す。

黄金時代に生きていた時には、人間は自然によってのみ導かれていたのであり、その場合には疑いなく自身の本能に従ったのだった。（ebd.）

その上で直ちに、先に人間の英知的性格とされた「自発性」が持ち出される。

だが同時に、人間は自発性(55)を使用した。……人間はこれによって初めて、われわれが至福と称賛した、かの身分を捨てた。（ebd.）

ここに彼は、「人間的悪の始まり」を見る。行為における人間の意志の自発性、「自由に基づく自発性」――これが、悪の起源の問題に関する少年シェリングの解答である。彼は創世記第三章を哲学的に解釈した第Ⅵ節では、第三章のうち、エバが禁断の樹の実を食べる四節と五節に関連づけ、そこに人間における自由の意識、人間固有の自発性が生まれていることを指摘していた（本章では第四節第1項で考察した）。ところで、この自発性は（無意識の場合、あるいは強制に基づく場合は別にして）われわれが行為する際に必ずや伴う意志の根本性格である。すでに注目したとおり、この意味で、われわれはすべての行為においてその都度アダムの罪を繰り返していることになる。しかしながら、悪の起源の問題をさらにつきつめて考え直すならば、そもそもこの自発性はどこから来たのか、というさらなる問いが発せられなければならないであろう。その解答を創世記堕罪章の記述に求めるとすれば、それは、「蛇の誘惑による」ということになろう。すでに見たとおり、カントは『根源悪論』（一七九二年）では、「人間が悪に落ちたのは、誘惑、これのみによる」（VI, 44; ⑩ 58）と明言していたばかりでなく、さらに「かの霊〔蛇〕にあっては、悪はどこから来たのか」（ebd.）という問題がなお残されていることさえ示唆していた。ところが、カント自身も『始原論』（一七八六年）では、ヘルダーに対する批判のほうに気を奪われていたのか、あるいは時間系列に従って継起的に出来事を記述する「憶測的歴史」というみずから立てた方法にひきずられたためか、当の「歴史」の本文では悪の問題を素通りし、むしろ、理性の出現による人間の「際限なき欲望」の発生とそれゆえの人間の葛藤の奥深さ（「深遠の縁」）の指摘、そうして他方での人間の尊厳（「自然の目的」「自己目的」としての人間）のほうに筆を走らせている（VIII, 110–112; ⑭ 98–99）。シェリングの場合もこれに似て、悪の起源の問題を検討し深化する方向に向かわずに、素通りして、一方での葛藤の苦悩の記述と、他方での尊厳の指摘が行われている。

人間が初めて彼の自発性を貫徹した時、彼のうちに誰しも人間の生活のこの労苦、善悪の数限りない争い、善と悪の絶えざるせめぎ合いに直面して感じざるをえない個人的葛藤が生じた。もっとも、他方でわれわれは、理性というかの高次の国においては、それによってのみわれわれの災厄に対する補償を手にし、より大きな至福に対する好ましい予兆を認識できるような人間的尊厳の高みに気づく。（AA Ⅰ, 95; 142）

以下さらに創世記の第三章に留まらず、第四章における人祖アダムとエバの二人の息子たち、兄カインと弟アベルとの争いから、兄による弟の殺人に至るまでの創世記の記述に沿いつつ、社会の成立へと叙述されてゆくが、われわれはもはやそれを追うには及ばないであろう。残る問題点をいくつか指摘して、本章の考察を閉じることにしよう。

むすびにかえて——残された諸問題

悪の起源の問題は、近代においては、特にライプニッツの問題提起とともに難問として立てられたものにほかならなかった。すでに触れたとおり、ベーベンハウゼン時代にシェリングは近代哲学に関してはライプニッツの哲学に親しんでいた。これもまたすでに指摘したように、学士論文でもライプニッツを引用していた。引用は二回。一度はすでに触れたとおりで、いま一度は『弁神論』そのものからの引用なのである（「万物を神は創造した。したがって神は万物を善に創造した」AA Ⅰ, 63; 106）。カントの『根源悪論』等とともに、課題提起の冒頭部分に付した最初の注のなかで。にもかかわず、主題そのもの「悪の起源とは何か」という問題考察の場面では、ライプニッツの哲学を子細に検討するには至っていない。

冒頭でその名に触れた程度に終わっていた。また、カントの哲学との関連から言えば、『始原論』と『根源悪論』の双方を参照しながら、主題と最も密接に関連する後者の内容を掬い上げることなく、前者への依存に終わっている。シェリングがライプニッツ説、カント説への取り組み両方の不十分さを解消し、さらにその先にまで突き進むには、なお十数年の歳月を必要とした。傑作『人間的自由の本質』が世に出るのは一八〇九年、三十四歳の折である。[56] すなわち、シュティフト（神学寮）卒業後（一七九六年）、家庭教師をするうちに、これまた二十三歳という異例の若さでイェーナ大学の員外教授に招聘され（一七九八年）、さらにヴュルツブルク大学の教授を務めて後（一八〇三―〇六年）、ミュンヘンに移ってからのことである。[57]『自由論』におけるライプニッツ説の吟味、批判について、その要点のみ本章の冒頭（序「自然的悪と道徳的悪」）で紹介した。その詳細については他に機会があれば、改めて論じたい。カント説の吟味、批判を含め。

第二章　ルターからシュライアーマッハーへ

近世ドイツにおける宗教思想と聖書解釈の歩み

はじめに

第一章では、シェリングが学士論文『悪の起源論』(一七九二年)において創世記第三章に定位して試みた悪の起源に関する神話論的哲学的解釈の内容を考察した。その折、彼の聖書解釈と当時最新の歴史的批判的聖書解釈を行っていたネオロギー(新学説)との関連について触れる機会をもった。本章では、そうした解釈と関連する歴史的背景を明らかにしようとする。そのためわれわれは叙述の出発点を人文主義とルターの宗教改革に置き、その到達点をシュライアーマッハーとする。言うまでもなく、人文主義とルターの宗教改革が近世ドイツにおける宗教思想と聖書解釈の歴史的前提をなすからであり、またシュライアーマッハーを最後に扱うことにしたのは、彼がシェリングと同時代の人であるばかりでなく、当の聖書解釈学、いや一般に解釈学の観点から見た場合でも一時代を画す思想を打ち立てた人だからである。なお、このような歴史的考察は、当然、宗教思想に関する歴史的考察を含むことなしには不可能であるから、この点で、本章の考察は聖書解釈史のみならず、同時に近世ドイツの宗教思想史の叙述ともなろう(1)。

一　人文主義とルター

1　ルネサンス

西洋の歴史記述においては、これまでしばしば中世とは異なった新しい時代の到来として、十四世紀から十六世紀にかけてのイタリア・ルネサンスが選び出されてきた。その時「人間が発見された」、「神中心の中世から人間中心の近世へ移行した」というわけである。だが、このような捉え方は、たとえば、さらに後の世紀、十七世紀に成立したとされるいわゆる「近代科学」の理論的基盤を一つ取り上げてみただけでも、成り立たないことが容易に分かる。いわゆる「近代科学」の理論的基盤を少々探りさえすれば、われわれはそこで確実にキリスト教、とりわけその神概念に行き当たるからである。[2]「神中心の中世から人間中心の近世へ」という近世理解、通説がいかに事柄の一面、事態の表層を見たものにすぎないかということの、これは一証左である。キリスト教の神概念が揺らぎ出すのは、後に考察するように、ようやく十八世紀の啓蒙主義、しかも同世紀の後半のそれにおいてなのである。そもそも「近代科学」という語のもとに今日われわれが思い浮かべる科学像は、十九世紀後半以降に確立した実証科学のイメージを、時代を遡って十七世紀に持ち込んだものにすぎない。[3]また、これと似た事情が「人文主義（フマニスムス）」という語にもまとわりついている。すなわち、元来は古典研究を意味するこの語が今日的な意味での「ヒューマニズム（人間主義・人道主義）」に読み換えられてしまうことしばしばである。[4]

われわれは幾重にも、現代的な感覚で作り上げた近代概念を近世という時代に読み込みすぎているように思われる。[5] 中世暗黒、近世光明という、しばしば見られる単純な対比は、両者を隔てるために通常持ち出される「ルネサンス」という捉え方そのものからして、自ら反論を呼び寄せざるをえないものとなっている。[6] 古代学芸の復興、古典研究の再興という意味での「再生」——これが「ルネサンス Renaissance」の文字どおりの意味である——は、九世紀のシャルル・マーニュ（カール大帝）の宮廷にも、十二世紀の北フランスのシャルトルやオルレアンの司教座聖堂にも認められるからである。今日、前者は「カロリング・ルネサンス」と呼ばれ、[7] 後者は「中世ルネサンス」とも「十二世紀ルネサンス」とも呼ばれている。[8]

さて、「ルネサンス」の中身を少しだけ覗いてみるとしよう。ルネサンスの精神がどのようなものであったかは、たとえば自分たちのことを「巨人の肩に乗って立っている小人」にたとえたソールズベリのヨハネス（ジョン）——この「シャルトル学派のもっとも熟した果実」——によって引用され受容されてわれわれに親しいものとなった、シャルトルのベルナルドゥスの言葉が端的に物語っている。自分たちが遠くを見通せるとしてもそれは古代の賢人たちのおかげだ、というのである。[9] 「ジョン（ヨハネス）」がプラトンとアリストテレスについて知り読んだのは、ラテン語の記録とラテン語の翻訳からのものであった。[10] 「中世の著述家で、古典読書の幅と深さにおいて彼にまさる者は一人もない」と言われるほどの彼でさえ、ギリシア語は知らなかったのである。[11] ギリシア語原典による古代ギリシアの学芸研究は、ローマ帝国の東西分裂（三九五年）後は、東ローマ帝国（ビザンチン帝国）やイスラム圏に引き継がれ（コンスタンチノープルやバグダッドがその中心）、[12] 西欧においてそれが復活し始めるのは（その前史はともかくとして）一四三八―三九年、オスマン帝国の圧迫に堪えきれず、東ローマ帝国のビザンチン政府が代表団をイタリアに送った時（フェラーラ＝フィレンツェ宗教会議）以降のこと、すなわち代表団のなかにプレトンやベッサリオンといったビザンチンの学者たちがいたことによる。一四三九年、メディチ家の老コジモが自称プレトン（本名ゲオルギオス・ゲミストス）からプラトンの教説を教わって感激、フィレンツェにプラトンアカデミーを再興する（一四六二年）。二十九歳の若さでその当主に抜擢されたフィチーノは、まだ二十歳にならない頃に老メディチに才能を見込まれ、ギリシア語を学ぶように命じられ、それを果たしたためであった[13]。周知のとおり、フィチーノは「近代科学」を養い育てることになる『錬金術文書』をラテン語に訳すとともに（一四六三年）、プラトンの対話篇をすべてラテン語に訳している（一四六九年以前）[14]。これは「西欧の言葉へのプラトンの最初の完全な翻訳であった[15]」。プラトン自身の著作としてラテン西欧読者層がそれまで触れることのできたものは、『ティマイオス』の部分訳のみにすぎなかったのである[16]。

2 人文主義

ギリシア語原語による古典研究の開始は、聖書解釈の領域においても当然大きな変化をもたらすことになる。十五世紀においてすでに、イタリアの人文主義者[17]で、「コンスタンチヌス寄進状」（ローマ帝国を教皇に寄進することを記したとされる、ローマ帝国皇帝コンスタンチヌスによる、時の教皇シルヴェステル一世に対する寄進状）が偽作であることを文献学的に証明し（一四四四年）、文献学の威力を世に知らしめたロレンツォ・ヴァラは、同じ威力すなわち文献学における原典批評の方法を聖書解釈にも適用した新約聖書に関する注釈書（『新約聖書校注』）を著している。それは八、九世紀頃から主役を演じ、一五四六年のトレント会議以後カトリック教会の正典として用いられ続けてきたヒエロニムスのラテン語訳聖書（「ウルガータ」）[18]に対する批判を含んでいた。もっとも、聖書の原典批評、本文批判が本格化するのは、次の十六世紀に入ってから、ドイツの人文主義者ロイヒリンやオランダはロッテルダムの人文主義者エラスムスの活躍による。片やギリシア語に精通していたロイヒリンは、イタリアに赴いた折にカバラに傾倒、ヘブライ語を修得し、『ヘブライ語入門』（一五〇六年）を著す。[19]これが、当時、旧約聖書を原典で研究するための不可欠の手引きとなる。片やローマの古典に親しんでいたエラスムスは、前記ヴァラの『新約聖書校注』の写本を発見、これを公刊し（一五〇五年）、さらにギリシア語を修得した上で、新しく校訂したギリシア語の新約聖書をも公刊する（『校訂版新約聖書』一五一六年）[20]。これは、「はじめて印刷された形でのギリシア語のテクストを使用可能にした」[21]ばかりでなく、これにさらに新しいラテン語訳とウルガータに対する注釈も加えることによって、正典であるウルガータ（ラテン語訳）とギリシア語原文とを比較する機会を神学者たちに与えることになった（一五一六年、全面改訂版一五一九年）[22]。いやそればかりか、エラスムスは、『キリスト者兵士提要』（第一版一五〇三年、第二版一五〇九年、第三版一五一五年）をも著していて、そこでは、皆が教父たちの著作と聖書に帰ることによって教会を改革できることが主張されていた。この書は一五一五年の第三版以降六年間で二三回も版を重ね、当時ベストセラーになっている。[23]「源泉に帰れ ad fontes」という「人文主義」の根本精神が教会改革に繋がってゆくことの、これは最も端的な表明にほかならなかった[24]。

3 人文主義とルター

エラスムスによって復刻出版されたヴァラの『新約聖書校注』をすでに読んでいたエアフルトのアウグスティヌス会修道院の修道士だったある学僧は、ロイヒリンの『ヘブライ語入門』が出るや、旧約聖書のヘブライ語原典と自分の所持するウルガータとを照合し始め、必要と思われる事項を書き込んでいる。ヴィッテンブルク大学で道徳哲学を講じ始めたばかり、二十五歳のルターである（一五〇九年）。彼はその後さらに、友人からギリシア語をも学び、エラスムス校訂の新約聖書が出た時、すなわち一五一六年には、すぐさまそれを自身のロマ書講義に活用できた（一五一二年以降、彼は神学教授として神学を講じている）。一五一八年になるとメランヒトン（ロイヒリンは彼の大伯父にあたる）がヴィッテンブルク大学に古典学教授として赴任、ルターのギリシア語熱も高まり、ガラテア書、ヘブル書講義にそれが現れている。周知のとおり、彼は後年カトリック教会の正典であったラテン語訳（ウルガータ）を退けて、聖書をすべてドイツ語に翻訳し出版することになる（新約一五二二年、旧新約一五三四年）。その出版に際しては、彼は版元に木版画の制作と挿入箇所の指示まで行っている。それは聖書を「民衆の書」とするためにほかならなかった[25]。これは当時、印刷術が発明されていたからこそ可能になった。いやそれどころか、彼が口火を切った宗教改革そのものにしても、印刷術なしには起こりえなかった、と言わねばならない。かの改革文書「九十五箇条の提題」が広く知られるようになったのも、そのドイツ語訳（原文はラテン語）が印刷され、頒布されたからであった。[26]

二　ルターの宗教改革とその結末

1　修道士ルターの苦悩と信仰義認論・福音主義

一般の信徒にとって教会との接触は、聖日に司祭の説教を聴き、司祭の授ける秘蹟の儀式を受けることであった。秘蹟とは「ラテン語の、『聖別されたもの』を意味する sacramentum に由来し、神の恩恵を伝えることができる、特別に霊的性質をもっているとみなされた一連の教会の儀式と聖職者の振舞いを指す[27]」ものであり、すでに触れたとおり、それは七つとされていた。カトリック教会における司祭による信徒の監督、支配の中世的秩序の中心は信徒に対する秘蹟の授与にあった。聖職者の叙階は別にして、教会は誕生時における洗礼に始まり、堅信や結婚を経、最後の死に望んでの終油に至るまで、「秘蹟（サクラメント）」の儀式、典礼によって信徒の全生活を、その監督下、支配下に収めていたのだった。信徒が救いに与り、天国に召されるために、他に日常的なものとして、聖餐、あるいはまた、それによって信徒の罪が赦される悔悛の秘蹟も行われていた。それは、痛悔（信徒が犯した罪に対する悔悟）、告解（信徒による罪の懺悔とそれに対する司祭の赦罪宣言）、償罪（司祭の命じる善行、寄付、巡礼等による信徒の罪の償い）からなっていた。ただここでは、罪の赦免の条件として、償罪、とりわけ善行等、人間の道徳的努力が要求されていた。[28]滅びへの不安のため（落雷体験）、熱心に告解を繰り返し、償罪としての苦行

（「祈祷、断食、徹夜、耐寒」）に邁進していたエアフルトのアウグスティヌス修道会の一修道士ルターは、にもかかわらず、罪の赦しを得たという確信を抱けず、平安を得られぬまま苦闘していた（一五〇五—〇八年）。また一五一二年にヴィッテンベルク大学神学教授に就任し、それ以降は詩篇やロマ書等に関する講義を行うなかで、「神の義 Iustitia Dei」の問題に直面し、さらに苦闘を重ねる。だが、こうした苦闘のなかにあって、彼はようやく、「人が義とされるのは、律法の行いによるのではなく、信仰によるのである」（ロマ書三・二八）という使徒パウロの言葉によって、人の業（功績、功徳）が神の前にあっては何ら意味をもたないことに思い至る。救いは、ただ神の側から一方的に人間に対して差し向けられた恵み（「恩寵のみ sola gratia」）にほかならず、われわれはただそれ（キリストによる救済）を信じ、ひたすらそれに一切を委ねるのみだ（「信仰のみ sola fide」）ということに彼は気づく。決定的回心、いわゆる（通説では、一五一三、一四年頃のこととされる）「塔の体験 Turmerlebnis」である。これが彼の信仰の核心をなし、かつ彼が改革に立ち向かった時にも堅持された基本的立場、「信仰義認論・福音主義」にほかならなかった(29)。

2　ルターの宗教改革と万人祭司主義・聖書主義

通常、宗教改革は、一五一七年十月末にルターがカトリック教会による讀宥状（免罪符）の販売に抗議して、ヴィッテンベルクの城教会の扉に「九十五箇条」を張り出したことに始まるとされるが、その提題の核心は、むしろカトリック教会の救済システム、悔悛の秘蹟に対する攻撃にこそあった。「九十五箇条の提題」の冒頭にはこうある。「一、私たちの主であり、師であるイエス・キリストが、『あなたがたは悔い改めなさい……』と言われたとき、彼は信じる者の全生涯が悔い改めであることを欲したものである。二、この言葉は秘蹟としての悔悛（すなわち、司祭の職務によって執行される告解と償罪）についてのものであると解することはできない」。そうして、二五条と三七条「二五、たくさんよい行いをする者が義なのではなく、行いなしにキリストを大いに信じるものが義なのである」「三七、真実に痛悔したキリスト者ならだれでも、贖宥の文書なしでおのがものと定められている、罰と罪責からの完全赦免をもっている(30)」。

「提題」の波紋が広がり、ために一五一八年十月のアウグスブルクでの審問や一五一九年七月のライプツィヒでの討論の後、一五二〇年六月、教皇レオ十世による破門威嚇の教書まで出るに至る。そこでルターはこれに対し、同年八月と十一月に都合三つの文書を公にし、同年十二月、教書等を焼き捨てる。翌年一月、正式に破門状が発せられる。同年四月ヴォルムス帝国国会で審問を受け、自説を撤回しなかったため異端宣告を受ける。五月、ザクセン選帝侯にアイゼナッハのヴァルトブルク城にかくまわれて間も無くヴォルムス勅令が発令される。これによって、彼は追放処分を受け、彼の著述の講読と頒布が禁止される。にもかかわらず、彼はヴァルトブルク城で新約聖書をドイツ語に翻訳する。ルターの宗教改革の第一段階（言わば序幕）、また同時に彼の生涯の前半生（「若きルター」）も、一五二一年四月の異端宣告によって終わりを告げ、実際の改革のための後半生がスタートする(31)。その第一歩を彼は聖書翻訳から始めたことになる。聖書翻訳についてはすでに述べた。ここでは「宗教改革文書」と呼ばれる三つの文書『キリスト教界の改善についてドイツ国民のキリスト教貴族に与う』『教会のバビロン捕囚』『キリスト者の自由』のうち、最初と最後のものにおける、「万人祭司主義 allgemeine Priestertum」と「聖書主義・聖書原理 Schriftprinzip」にかかわる箇所を見ることにしよう。これらは、先に見た「信仰義認論・福音主義」と並ぶ、いやこれを基礎としたルターの宗教改革の基本原則だからである。

「万人祭司主義」と「聖書主義」は、最初の書では、防壁の築かれたエリコの町をヨシュアが攻め落としたこと（ヨシュア記）になぞらえつつ語られる。第一の城壁は、ローマ教皇権擁護者たちによる教会的霊的身分と世俗的身分との差別の問題とし、この城壁を次のように倒す。ルターはこの差別を彼らの勝手な捏造だと詰《なじ》り、それが職務上の区別にすぎないと言いきり、これが万人祭司の根拠となる。すなわち、「すべてのキリスト者は真に教会的身分に属す」のであり、したがって、「われわれはみな洗礼によって聖別され、司祭〔＝祭司〕とされているのです」(p. 86) と。次いでルターは、第二の城壁を、彼らが聖ペテロの授かった鍵を不法占取して、教皇のみに聖書を解釈する権能ありと主張することに見定め、これに対して、聖ペテロの鍵が彼のみに授けられたものではなく、教会全体に授けられたものであるとして、そこから聖書解釈の権能がすべての信徒にあると説く。そうして彼はさらに次のように反問する。「そのうえ、さきに述べたとおり、私どもはみな司祭であり、みなが一つの信仰、一つの福音、一つの秘蹟をもっているのであります。それならどうして、私どもは、信仰の領域において何が正しく何がまちがっているかを吟味し判断する力をも、備えていてはいけないのでしょうか」(pp. 92-94) と。

また、「キリスト者はすべてのものの上に立つ自由な主人であって、だれにも従属しない」(p. 52) とキリスト者の自由を高らかに宣言した最後の書では、万人が祭司であることについて次のように言われている。「さて、キリストは名誉と品位をもたれる初子であるが、これらを彼に従うすべてのキリスト者に分かち与えてくださる。そこで彼らも信仰によってキリストとともに、みなかならず王となり、祭司となる。……信ずるなら、どんなに善かろうが悪かろうが、すべて必ず私のためになる。しかも私は何も必要でなく、私の信仰だけで十分なのだ。見よ、これこそ何と貴いキリスト者の自由と力であることか。それゆえわれわれは祭司である。これは王であることよりもまさっている」(p. 63)。ここでは、「信仰のみ sola fide」が万人祭司の条件であることが明瞭に語られている。聖書主義については、どのような善行も無益であることを強調した上で、「たましいはキリストについて説かれた神のみ言葉、すなわち聖なる福音のほかには、天にも地にも、これを生かし義とし自由とし、またキリスト者とするものをもたない」(pp. 53-54)と言われている。[32]「聖書主義」にせよ、「福音主義」にせよ、ここでわれわれは、「神の言葉」以外なにものも介在しない仕方で、只一人、神と対面するという、実に厳しい事態、(今日的な用語を用いて言えば)実存的状況に直面していることになる。ここでこそ、真の意味での「個」という自覚も成立してくる。ルターの宗教改革は、この点できわめて近代的な出来事であった[33]と言える。

3　ルターの国家観と宗教改革の国家管理

しかしながら、その「聖書主義」は、聖書が神の霊によって記された神の言葉であって、一言一句ゆるがせにできないとされるに及んで(「逐語霊感説」)、後に詳しく述べるように、啓蒙主義者たちや歴史的批判的に聖書解釈を遂行する者（ネオローグ）たちによって厳しく批判されることになる。いやそれどころか、ルターはまた、古めかしい国家観の持ち主でもあった。『キリスト者の自由』（一五二〇年）においては、すでに見たとおり、あれほど明瞭に二つの身分（霊的身分と世俗的身分）の差別の撤廃を唱い上げておきながら、『現世の主権について』（一五二三年）では、それを蘇生させたばかりに留まらず、二つの身分間の立場を逆転させさえする。彼は神がその言葉による霊的統治と剣による世俗的統治という二つの統治を定めたとし、信徒であると否とを問わず、すべての者が現世の権力（剣）のもとに服さなければならないと説くのである。霊的統治は人間の罪と悪のため現世では到来しようがなく、また洗礼を受けた者がすべて真のキリスト者というわけではないというのがその理由である。彼はこの世の悪を統治するために国家権力に神の権威を授けたわけである。彼はこのように主張する論拠として、ロマ書一三章の次のパウロの言葉を挙げている。「権力は神によって定められている」「すべての人は権力と権威とに従うべきである」[34]。これがルターの二王国論である。

したがって、信仰面で達成された大変革も、実際面では、ルター独特の国家観が当時の政治状況のなかで機能することによって、カトリックの教会組織とは別のもう一つの教会組織が生み出されるという逆説的な結果に終わることになった。「宗教改革の国家管理」である。ローマによる支配と干渉からの自立を望んでいたドイツの領邦諸国家の君主たちが、同時に神から権限を与えられた国父となり、領内に教会財産を管理し（ルターは彼の福音主義からの当然の帰結として、修道院制度を否定したが、彼を支持する君主たちにとっては、それは領内の修道院財産の没収を意味した）、かつては司教の手にあった裁判権を行使するための教会官庁も設立したため、「叙階された者」が「世俗の権力に監督される役人」に取って代わられることになったのである。農民戦争を挟む二〇年代以降のことである。[35] 一七二四年に農民たちの反乱が起き、二五年には、それが農奴制の廃止や農村共同体の裁判権の主張などを盛り込んだ「十二箇条」の要求を伴ったものにまで発展する。ルターは当初こうした農民の要求には理解を示しながらも、それが急進化するに及んで、改革の蜂火を挙げた当人が反乱を弾圧する君主を支持し、農民を見殺しにする。一五二五年、聖書の字句にこだわる「文字の専制からキリスト者を解放し」、「地上における神の国を実現する力をキリスト者に与える」福音信仰を唱えるミュンツァーに率いられて立ち上がった（ドイツ史上最大の）農民一揆に対してである。[37] こうした農民戦争の騒擾に象徴されるルターによる宗教改革がもたらした政治的動乱は、ルターを支持する君主たちとカトリックに留まる君主たちとの軍事的対決（カッペル戦争とシュマルカルデン戦争）としても現れ、これに対しては、「領土の支配者がその領土の宗教を決定する cujus regio, eius religio」という仕方で、決着が図られることになった（「アウグスブルクの宗教和議」一五五五年）。しかしながら、結局、この和議によっても中世的秩序は克服されず、それがただ分割され細分化されただけに終わったわけである。[38] これは、民衆にとっては、一方で（精神面では）自由と平等の思想に鼓舞されながら、他方で（現実においては）君主と教会という権力と権威の双方、すなわち領邦教会制、領邦国家の支配下に隷属させられることになっただけだった。

フランスのある歴史家はルターのことを次のように皮肉っている。「全くルターという坊主の態度ほどドイツ史の一切をよく説明するものはあるまい。彼はまずキリスト者の神と交わるべき完全な自由を要求したにもかかわらず、やがてはドイツの民衆を領邦諸国の狭い枠に閉じ込め、権威の軛につないだ」[39]と。このようなルターの「二律背反」[40]は、なおかつ聖書解釈の領域にまで及ぶことになり、そこでは聖書（霊感によって記された「神の言」）は、新たに誕生したルター派教会の教義の正統性を「証明する言葉 dicta probantia」にすり替わってしまう（「逐語霊感説」[41]）。スイスで宗教改革を遂行し、フランス、オランダ、スコットランドに広まっていたカルヴァン派（改革派教会）との区別の必要から、ルター没（一五四六年）後、ルター派教会内に教義の明確化の動きが起こり、それが「一致信条」（一五七七年）に結実し、ルター派「正統主義 Orthodoxie」の神学が確立することになるが[42]、先の「逐語霊感説」もその一つである。こうした教理のドグマ化もさることながら、領邦教会制に伴う領邦国家の固定化は、逸早く中央集権的な統一国家を形成したフランスやイギリスと異なって、長らくドイツの後進性を刻印することとなった[43]。ドイツ特有のものとしてしばしば指摘される「文化と政治の背理」[44]もこれに起因する。

三　敬虔主義

1　三十年戦争とルター派正統主義

「アウグスブルクの宗教和議」は旧教と新教双方の妥協の産物にほかならなかったため、両者の対立はなお収まらず、一六一八年には、ボヘミアで新教徒迫害に対抗した反乱が起こり、それがドイツに飛び火し、やがて君主たちの世俗的利害も絡んでヨーロッパ中を巻き込んで、三十年もの長きにわたる国際戦争にまで発展する。いわゆる三十年戦争である。その長さから言っても、また参戦した国々の多さから言っても、この戦争を一言で要約することはきわめて難しいが、これは、ドイツを主舞台として戦われた宗教戦争かつ反帝国（反ハプスブルク家）戦争とでも言えるであろうか[45]。この戦争が終結する（一四三八年以来神聖ローマ帝国皇帝を出し続け、カトリック勢力の維持と拡張に努めたハプスブルク家が敗北する）ことになるのは、（世界で最初の）参戦諸国の合議による講和条約（ヴェストファリア講和条約、一六四八年）によるが、三十年もの長きにわたってドイツが主戦場となったために、それによってドイツが被った惨禍がどれほど大きいものであったかは、たとえば、多くの地域で人口が三分の一に激減したことだけからでも想像に難くない[46]。社会経済的に二百年もドイツを後退させたと言われることがあるほどである。このような戦争を終結させたヴェストファリア条約は、ドイツの領邦国家に対しては、帝国（神聖ローマ帝国）からの自立の強化、つまり主権国家化をもたらした。ために、各領邦国家の君主たちは、領内に、フランスのブルボン王朝を範とした絶対主義王政を敷いたばかりか、教会の行政権をも手中に収めるに至る（いわゆる「皇帝教皇主義」）。ルター派教会はルター派教会で、領邦国家権力と癒着し、その傘下に収まって、すでに長らく奉じてきた「正統主義」の度をますます強めスコラ化する。だが、教会が保守化権威化し、教義もスコラ化硬直化すればするほど、その内部に、それに対する反動も育ってゆく。三十年戦争の戦中戦後の苦渋に満ちた体験を通して、内面的な回心と再生の体験を重んじる新しい精神的運動が胎動してくる。「敬虔主義 Pietismus」の運動である。敬虔主義が「三十年戦争の所産」（ディルタイ）と呼ばれるゆえんである[47]。

2　敬虔主義の創始者シュペーナーとフランケ

この運動は、ルター派正統主義に対するルター派教会内の反動として起こったものであることに相違ないが、それは、聖書の内容（「神の言葉」）そのものに沈潜し、そこから自らが汲み取った教理を「実践」し、新しい人間として「再生」することによって魂の救いに与ろうとするものであったから、逆にルターの精神に回帰する信仰覚醒運動でもあった。[48] 敬虔主義が信仰覚醒運動であったことは、その創始者シュペーナーが彼の著作『敬虔なる願望』（一六七五年）のなかで掲げたテーゼを見れば一目瞭然である。すなわち、㈠聖書が神の言として読まれ研究されるべきこと、㈡僧侶主義に対抗して信徒は万人祭司の自覚を新たにしつつ教会を改革すべきこと、㈢牧師は実際の要求に即した修養を積むべきこと、などがそれである。[49] 敬虔主義は、これらの点から明らかなように、信徒の内面にこそかかわり、それに訴えるものであったことが分かる。このことを象徴するのが、私的信徒集会という、その活動形態である。敬虔主義という名がそれに由来する「敬虔集会 collegium pietatis」と呼ばれた集会は、フランクフルトのルター派教会の一牧師シュペーナーが、礼拝後に信徒が牧師の説教を批評したり、信徒たちが信仰体験を語り合ったりする集会をもつことを呼びかけたことによって実現した。一六七〇年より彼の自宅で週二回もたれた集会がこれである。[50] なお、彼は晩年特に「再生」について多くの説教を行っている（一六八四年フランクフルト、一六九一―九三年ベルリン――ここでは六十六回[51]）。

ともあれ、信徒集会という、シュペーナーが始めたささやかな活動は、フランケというライプツィヒ大学教授の彼との接触を機縁とする回心によって大きな進展を見せる。[52] 彼は同僚と「聖書愛好会 collegium philobiblicum」と称する会をもって、聖書研究を行っていたのだったが（一六八六年）、彼の回心後は著しく敬虔主義に傾斜したため、当時（ヴィッテンベルク大学のそれと並んで）ルター派正統主義の牙城となっていた神学部の圧力により、大学を追われることになる（一六九〇年）。その後、彼はハレ近郊に移住して（一六九二年）、そこで慈善活動、教育活動を展開するが（ドイツ初の孤児院、ハレ孤児院を創設）[53]、そうこうするうちに、ハレに大学が創立され（一六九四年）、その神学部にフランケを中心とする神学者たちが集まり、そこが「ハレ敬虔主義」とさえ呼ばれるような敬虔主義の牙城となるに至る[54]。

3　神秘主義者アルノルト

敬虔主義は信仰に対する純粋性のゆえに神秘主義にも接近してゆく。ルター派正統主義の牙城ヴィッテンベルク大学神学部で神学を学んだアルノルトはそれに馴染めず、シュペーナーに救いを求めた。彼はアルノルトに家庭教師の口を世話した。一度ならず二度までも。しかも二度目の家庭教師先（クヴェードリンブルク）は「神秘主義的スピリチュアリズムの一大中心地」[55]であった。原始キリスト教への回帰を強く望んでおり、教会制度さえ拒否するほどに純粋な信仰心に燃えていたアルノルトは、敬虔主義からさらに神秘主義にのめり込んでゆく。この点が神秘主義に理解を示しながら、それに深入りしなかったシュペーナーやフランケとの相違である。アルノルトは膨大な量の著書を書き残したのだが、たとえばその一つ『神秘神学の歴史と記述』（一七〇三年）によれば、神秘主義の基本は、本性上知ることのできない神すなわち「隠れたる神」を求めつつ、「無欲で内面的な経験」に徹するということであった[56]。

彼はまた他の著書（『イエス・キリストの卑賤の弟子の原初の愛』一六九六年）では、そのサブタイトル（「最初期の生きた信仰と聖なる生活に真実に倣う」）に端的に示されているように、原始キリスト教徒を範としつつ、「謙虚」に徹することによって「神との合一」に至るという、キリスト教徒の模範像を描いている。[57] 原始キリスト教への回帰心にも窺えるとおり、彼は教義学的な理論よりは、歴史を重視していた。キリスト教の真理性の証明は理論的にではなく、「経験の地盤の上で、したがって歴史的に行われなければならない」と考えられたからである。[58]

4　ヘルンフート派ツィンツェンドルフ

いま一人、神秘主義に接近した敬虔主義者ツィンツェンドルフは、ザクセン選帝侯の大臣の息子として生まれ、少年期（十歳から十七歳まで――一七一〇―一七年）、フランケの孤児院の寄宿生学校で学ぶが、その後、敬虔主義の本拠で神学を学びたいという希望が入れられず、正統主義の本山で法律学を学ばされる。以後、彼は社会活動を行い、ヘルンフート兄弟団の設立に力を尽くす。[59] この教団は同時代のみならず後世への影響の大きさのため有名となるが、その影響のいくつかを列挙すれば、同時代では、ジョン・ウェスレーがロンドンとブリストルで始めた信仰覚醒運動（フリーメソディズムの運動）も、その初期においては兄弟団との連携によって遂行されたし、[60] 後世では、後にわれわれも注目する十九世紀の神学者シュライアーマッハーも自分のことを「高次のヘルンフート派」と理解していたし、あるいは現代の実存主義思想の先駆をなしたキルケゴールもヘルンフート的敬虔の雰囲気のなかで成長している、などなど[61]。ツィンツェンドルフの『神秘神学』によれば、神との合一は、浄化され証明された魂においてのみ生ずるとされる。神は人間精神の最内奥に現臨しているのだから、われわれは神を自分の外にではなく、心の中心にこそ探り当てるべきだというのである[62]。単純無学な「心の神学」――これこそが彼の神学にほかならなかった[63]。

5　シュヴァーベン派ベンゲルとエーティンガー

敬虔主義はドイツ北部のみに留まらず、南部にも波及し浸透してゆく。西南ドイツのヴュルテンベルクを中心に。「ドイツ全土でヴュルテンベルクほど深くまた持続的に敬虔主義の刻印を、その精神に受けた地はほかにはない[64]」と指摘されるほどに。その中心人物、指導者はベンゲルとエーティンガーであったが、彼らの指導のもとに、ハレとは異なって幅広く農民等民衆にまで敬虔主義が浸透してゆく点がその特徴である（ハレ派に対して、こちらはヴュルテンベルク派あるいはシュヴァーベン派と呼ばれる）。

一方で、デンケンドルフ修道院学校の教師であったベンゲルは、特にヨハネ黙示録を研究し、世界の終末の時を予言したり（『諸時代の順序』一七四一年他[65]）、敬虔主義の立場から新約聖書の核心を読み取るための心得として、『新約聖書への指針』（一七四二年）を著したりしている。これは「現在にいたるまで、敬虔主義的聖書解釈学の古典となっている」。そのモットーは「汝のすべてをテクストに当てはめよ、テクストのすべてを汝に当てはめよ！ Te totum applica ad textum, textum totum applica ad te!」であり[66]、その原則は次の三つであった。㈠聖書は一つのまとまりをなす神の救いのわざ（オイコノミア）である。より正確に言えば、神の統一的救いのわざの証言である。㈡聖書自身がその内容の最高の証明である。聖書は全体として人間に非常な説得力をもって迫るので、人間は聖書が神ご自身によって書かれたのだと信じるほかない。㈢ルター派の諸信条やルター派教義学によって、聖書の独立性が弱められてはならない[67]。ルター派の聖書霊感説と同じ立場に立ちながら、ドグマティズムに陥るまいとする敬虔主義における聖書主義の純粋さ、徹底ぶりをよく窺わせる原則である。

他方で、長らく牧師を務めたエーティンガーは、晩年に『聖書とエンブレムの辞書』（一七七六年）を著して、聖書に登場する森羅万象を神的なもの、霊的なものの「エンブレム（寓意画）」として具象的に読み解く手立てを人々に提供している[68]。それは、「聖書のなかから必要不可欠なものを私たちの心に書き込んでいただく」ため、つまり人々を「賢者」にするためのものであったが、それはまた、現今の聖書解釈に人々が惑わされないようにするためのものでもあった。興味深いことに、彼はゼムラーやヴォルフらの「今日的な論証的」聖書解釈――本章で考察するような啓蒙主義的かつ歴史的批判的聖書解釈――によって主張されていることが、「聖書に示されている」ことと「まさに反対のこと」だということを強調し、彼らを厳しく批判している[69]。

なお、シェリングとの関連で興味深いことは、父親がベーベンハウゼンの修道院学校の教授をしていたベンゲルが、同じシュティフト（テュービンゲンの神学寮）で神学を学んでいることである[70]（後年、シェリングの父親も同じ修道院学校の教授となり、少年シェリングを教育する）。またエーティンガーは、ベーベンハウゼンの修道院学校で学んで後、シュティフトに入っている[71]（後年、シェリングも同じコースを辿ることになる)。

四　ネオロギー

神の問題をも含めてすべてを理性的合理的に理解し、説明しようとした啓蒙主義の運動については次節で詳しく解説する。ここでは、この運動と密接に関連した新しい聖書解釈運動を見ておこう。啓蒙主義の運動は、十八世紀の半ばから終わりにかけて、ルター派正統主義の逐語霊感説とははっきり袂を分かって、聖書をそれが書かれた歴史的背景、事情から文献学的批判的に解釈するという一連の別の運動を呼び起こした。[72] これが、「ネオロギー(新学説)」にほかならなかった。これを唱える者たち——彼らはこのため「ネオローグ」と呼ばれる——とは、ミヒャエリス、エルネスティ、ゼムラー、アイヒホルン、ガープラーらであった。

1　旧約聖書学のミヒャエリス

ネオローグを代表する一人ミヒャエリスは、敬虔主義的な家庭環境で育った人だったが、オランダ、イギリス留学(一七四一—四二年)中に啓蒙主義的な理神論の影響を受け、その後オリエント学の教授(ゲッティンゲン大学)となったことなどから、オリエント諸語の比較とその歴史的背景に目を配りつつ、聖書、特に旧約聖書を合理的統一的に解釈しようとした[73](シェリングの父親も、すでに指摘したとおり、べーベンハウゼンの修道院学校のオリエント学の教授であったが、その心情は敬虔主義、聖書解釈では、ミヒャエリスの強い影響下にあった人物であった)。

「啓蒙主義は理性を言語から純化しようとしたばかりか、言語の純粋化をも目指した。新造語派が活躍して、聖書的言語の純粋化を企てた。オリエント学者ミヒャエリスによれば、聖書、とくに『旧約聖書』は粗野な時代の粗野な俗衆のために書かれたことから、その言語はあまりにも『比喩的』であり……あまりにも感覚的で具体的である。そのため、聖書的言語は『啓蒙の時代』にふさわしい言語に書き換えられるべきことを彼は要求した。聖書は論理的・哲学的・抽象的な精密言語で書き直されれば、もっと神にふさわしいだろう、と」[74]。

こうした言語の純粋化、精密化という企ては、後年ハーマンによって批判されることになる(『美学提要』一七六二年)。彼は人工言語の規則性より日常言語の豊穣性を重視するからである。「詩は人類の母語である」——これが当『提要』に記された言語に関する彼の根本テーゼにほかならない(ハーマンについては第六節で詳述)。

2　新約聖書学のエルネスティとゼムラー

旧約聖書学のミヒャエリスとは異なって、古典文献学から聖書学に転じたエルネスティは新約聖書における言語使用の問題に携わる。彼はその文法的解釈に徹して、無意味と理解との関係、唯一の意味と多様な語義との区分等々、新約聖書の言語使用に関する様々な規則を提示してゆく。これらが盛り込まれた彼の主著『新約聖書解釈提要』（一七六一年）は、その後、半世紀にわたって新約聖書解釈の手本とされることになる。[75]ディルタイも「エルネスティの繊細慎重な精神が、『提要』において、この新しい解釈学のための古典的著作を創りだした。その著作を読んで、シュライアーマッハーは、さらに彼独自の解釈学を発展させた」[76]と指摘しているように、実際、エルネスティの『提要』との格闘[77]のなかからシュライアーマッハーの「一般解釈学」が形成されてゆく。この点については後で述べる（第七節）。なお、エルネスティは、レッシングが神学生だった頃、彼の学んだライプツィヒ大学の教授であったが、当時からすでに彼はこれには興味を示さなかった。[78]

ミヒャエリス同様、敬虔主義的な家庭環境で育ったゼムラーも、エルネスティに続いて、特に新約聖書の解釈に従事したが、学問としての神学と体験としての宗教とを峻別している点が特徴的である。また、彼の『正典の自由な研究に関する論考』全四巻（一七七一―七五年）は、聖書が歴史的な過程を経て成立してきた諸文書の一部であり、それが正典化されるに至ったのも文書成立以後かなり経って後のことだということを論証しており、ために、この書の出現は、ルター派正統主義に対して強い衝撃を与えることになった。けだし、これは彼らがその正統主義を奉じる支柱として拠って立つ逐語霊感説を根底から揺るがすことを意味したばかりでなく、聖書解釈が文書成立の歴史的研究ぬきには不可能であることを宣言したに等しかったからである。[79]あるいはまた、すでに見たとおり、敬虔主義者のエーティンガーからも啓蒙の代表者レッシングからも強烈な批判を呼び起こしていることからも、彼がネオローグを代表する論客であったことが窺える。

3　旧約聖書批評学の父アイヒホルン

アイヒホルンもガープラーも、ゼムラーが宣言し、ルター派の教義学的聖書解釈に鉄槌をくらわせた、この「新しい学説（ネオロギー）」に従って聖書解釈を遂行する。アイヒホルンの『旧約聖書序説』全三巻（一七八〇―八三年）は、旧約聖書を徹底的に歴史的批判的に解釈しようとした書で（シェリングが学位論文における論述で中心的に依拠したのも、この三巻本であった）、同じ趣旨のもとで著された『原初史』とともに、これらによって彼は、旧約聖書学を一新した第一人者となる（後年彼は「旧約聖書批評学の父」と呼ばれることになる）。さらに、ガープラーも聖書の歴史的批判的研究の必要性、重要性を説いたネオローグの一人で、彼はアルトドルフ大学聖書学教授就任講演（一七八六年――今日これは近代聖書学の自立宣言と見なされている）で、聖書霊感説に基づく伝統的な「教義神学」と聖書の歴史的批判的研究を目指す新しい「聖書神学」とを明確に区別することを強調し、後にアイヒホルンの『原初史』三巻に序文と注を付して出版している（一七九〇―九三年）[80]。

五　啓蒙主義

1　三十年戦争後のドイツの疲弊

「三十年戦争がドイツの物質的繁栄におよぼした損害は、見当をつけようにもつけられないほど大きかった。精神的領域に加えられた被害となると、それに劣らずひどかった」。この戦争は教養人と非教養人との間に宿命的となる亀裂をもたらしたのだった。十七世紀から十八世紀にかけての転換期には三つの社会階層があったことが確認できる。一つは、フランスかぶれした王侯貴族の上流階級であり（宮廷）、いま一つはそれとは対照的な無知文盲の大衆であり、他は学者の世界（大学）だが、それは「職業階層としてまったく自閉的に孤立しており、その本質は上流階級とまったく同じように非ドイツ的であった。なぜなら学者たちはラテン語で書き、ラテン語でしゃべり、ラテン語で考えたからである。ドイツ固有の文化と良風美俗は、奥底に埋もれてしまった。ドイツ人がふたたびドイツ人らしさを教えるだけのためにも、数世代の労苦が必要であった」[81]。この労苦を引き受け、ドイツ人にドイツ人らしさを教えたのが「啓蒙主義 Aufklärung」であった[82]。時代から見てもその出自から見ても、これは、先にわれわれが見た「敬虔主義 Pietismus」と事情が類似しており、三十年戦争と無縁ではない。「相変わらずわれわれはすべて外国産のものの悪名高い模倣者であり、ことにいくら称えても称えきれないフランスに対する卑屈な崇拝者である。ライン川の向こう側からやってくるものはすべて美しく、魅力的で、楽しく、神聖なのである」[83]。ドイツ演劇、ドイツに国民劇場を根づかせるために身を磨り減らしながら失敗に終わった（ハンブルク劇場の失敗）レッシングは、苦々しくこう慨嘆している。一七六〇年代後半のことである。ドイツ上流社会におけるドイツ文化、ドイツ語無視は甚だしく、たとえばそれは、フランスの啓蒙家ヴォルテールの次の言葉に象徴されている。「ここはフランスです。みんなわがフランス語しかしゃべりません。ドイツ語は兵士と馬のためにあるだけです」。一七五〇年、ドイツのポツダム（サンスーシー宮）から発信された彼の手紙の一節である[84]。あるいはまた時代は遡るが、先にわれわれの見たハレ敬虔主義の立役者フランケの証言によれば、一七〇九年にハレ大学神学部の学生のうちで正確なドイツ語の手紙を書ける者は一人もいなかったそうである。

2　ドイツ啓蒙の先駆者トマージウス

未だ前の世紀、十七世紀に属する一六八八年にライプツィヒ大学でドイツ史上初のドイツ語での講義が行われている。これは「前代未聞の凶行」として、後で述べる他の理由も重なって、この講義を行った者は大学を叩き出される破目に陥ることになる。[85] このドイツの大学で初めてドイツ語で講義を行った人、それがドイツ啓蒙の先駆者とされるトマージウスである。彼はまたこれのみならず、当時なお横行していた魔女裁判を廃止するきっかけを作った人でもあった。[86]

彼の思想の根本志向は、呪術であれ、魔女盲信であれ、その他何であれ、あらゆる先入観を退けるという点にあった。彼がその『理性学』（一六九一年）において、理性を真理の第一原理、基準として、あるゆる事物の真偽を決定しようとしたのもこのためにほかならなかった。しかしながら、彼は人間の堕罪を論拠としつつ、「自然の光」としての人間の知性に限界を設ける。「知性によって神の本質を捉えることは不可能」であり、それは、神が在ることを知りうるとしても、神が何であるかを知ることはできない、というように。ただし、彼は「超自然的な光」としての啓示の必要性を認めており、この点で、啓示を認めず、自然主義的、合理的な有神論の立場に立つイギリスで盛んな「理神論 Deism」とは立場を異にしている。[87]

すでに指摘したとおり、彼は大学（ライプツィヒ大学）においてドイツ語で講義をした最初の人でもあったが、それぱかりではなく、また彼はイギリスに範を取った定期刊行物としての雑誌を出したという点でも先駆者であった。「クリスチャン・トマージウスはその『率直、愉快、真剣しかも理性的かつ合理的な思考と月例談話』において、哲学的な思弁と実生活上の欲求を才智あふれるかたちで調和させる道を最初に歩みはじめた。衒学と偽善に抗してこの雑誌は啓蒙運動の挺子となり、そして他ならぬ談話というかたちをとったために非常な好評を博し、多様な模倣を生み出すこととなった」[88]。トマージウスは結局、ドイツ語での講義と雑誌による辛辣な言論活動のために、ライプツィヒ大学のあらゆる学部の教授から敵対視されることになるが、その中心はルター派正統主義に立つ神学部であったから、彼は大学の中枢部さえ敵にまわすことになる。それのみならず、すでに見たとおり、ライプツィヒで聖書研究会を行っていた、かの敬虔主義者のフランケの活動に対して、神学部が圧力をかけた時にも彼を擁護し、ために彼もライプツィヒを追われ、ハレに移ることになる（一六九〇年）。先に触れた『理性学』は、ハレに移って間もなく執筆されたものであった[89]。

3　全ドイツの師父ヴォルフ

トマージウスのハレ移住の四年後（一六九四年）に創立され、彼も存分に活躍することになるこの新しい大学、ハレ大学は、ドイツにおける最初の近代的な大学となった。そこでは、ドイツ語で講義が行われ、教授たちは「思考する自由 Libertas philosophandi」さえ許されていた。また、すでに指摘したとおり、彼が友人としてその活動を弁護したフランケのハレ近郊での慈善、教育活動、さらには創立後のハレ大学での活動は、同大学の神学部を敬虔主義の牙城にしていた。一七〇七年、この大学に数学、自然学教授として赴任して来るのが、ドイツ啓蒙の立役者となる、かのヴォルフである。

彼は『人間知性の諸力に関する理性的考察』(いわゆるドイツ論理学、一七一三年)、『神、世界、人間の魂およびあらゆる事物に関する理性的考察』(いわゆるドイツ形而上学、一七一九年)をはじめとして、自然学、心理学、政治学、経済学等、諸学科の教科書をドイツ語で書き続け出版する。興味深いことには、それらのタイトルにはすべて「理性的考察 Vernünftige Gedanken」という語が冠されていた。このことは、彼があらゆる事象を理性的に捉え、あらゆる問題を理性的に解決、証明しようとしたことを如実に物語っていた。そのために彼が採った方法は、定義、公理から始めて、そこからすべてを矛盾の生じないように証明してゆく数学の方法であった。このため、教科書はきわめて冗長で大部なものにならざるをえなかったが、にもかかわらず、これらはすべてを合わせると壮大で包括的な体系を形成するものであり、しかもすべてがドイツ語で書かれていたため、ドイツの人々にとっては、自国語で読める最初の哲学体系の出現を意味した(90)。これによって初めて大量のドイツの哲学用語が登場したことも含めて、これは、ドイツ啓蒙の一大成果をなしたと言ってよい。このことは、彼が「全ドイツの師父 praeceptor Germaniae」と呼ばれることからも窺える。

すでに述べたとおり、宮廷ではフランス語、大学ではラテン語が用いられていた時代のことである。彼の講義には多くの学生が集まっていたため、これが他の教授連の嫉妬心を呼び起こすことになり、また彼の合理主義、理性主義は、フランケを中心とする大学神学部の敬虔主義者たちから敵視されることになる。こうしたなかで彼は、同僚によって宿命論のかどでプロイセン王に訴えられ、王がこれを認めために一七二三年ハレ大学を追われることになる。だが彼は、当時すでに勇名を馳せており、多くの引き受け手があり、そのなかからマールブルク大学を選ぶ[91]。彼はそこでは今度は同じ教科書をヨーロッパ向けにラテン語で出し続け[92]、一七四五年にハレ大学に復帰する。彼はハレ派のみならず、没（一七五四年）後のことながら、シュヴァーベン派の敬虔主義者エーティンガーからも厳しく批判されている。このことは、すでに見たとおりである。

ともあれ、彼が宗教、神学に対して採る基本的な立場がどのようなものであったかは、他の対立する立場と比較することではっきりする。それには二つあり、その一つがいま触れた敬虔主義であり、他の一つが正統主義である。一方で、敬虔主義は個人の救済を非合理的に追求しているし、他方で、正統主義は理性を啓示によって制限していた。彼の思考は、すべてを合理的理性的に捉えることにあったから、彼にすれば、敬虔主義の非合理も認められないし、正統主義による理性の制限も容認できなかった。もっとも、彼は啓示の役割を否定したわけではなかった。彼は啓示をも理性の吟味にかけ、その上で、理性が啓示と両立することを示そうとしたのだった。啓示と理性とが一致し調和している保証は、神的真理が自然事象から生ずる真理と同じ秩序をもっていることに求められた（ドイツ論理学第xii章八節[93]）。

4　最初のジャーナリスト、レッシング

ヴォルフは宿命論のかどで一時期ハレを追われはしたが、先に見たことからも明らかなように、彼自身はけっして無神論者というわけではなかった。無神論者あるいは異端として恐れられたのは、むしろレッシングであった。彼の登場によって、ドイツ啓蒙は頂点に達すると言ってよい。自分の作品（『ヴォルデマール』）を贈ったところ、返礼として当代随一の文学界の重鎮にして劇作家の作品（レッシングの『賢者ナータン』）を落手して感激した十四歳年少のヤコービは、最晩年（一七八一年、五十二歳で亡くなる前年）のレッシングのもとを訪れる。(94) この折、ヤコービは、彼がスピノザ主義者だという証言を引き出し、これを公表する（ヤコービ『スピノザ書簡』第一版一七八五年、第二版一七八九年）。その証言とは次のようなものであった。「正統主義の神概念はもはや私には関係ありません。私はこれを受け入れることができません。『一にして全 ἓν καὶ πᾶν《ヘンカイパーン》』私はこれ以外のものを知りません」。この発言は、ヤコービがこれをスピノザ説と結びつけ、それにレッシングも同意したところによれば、彼が正統主義の奉じる人格神という神概念を否定して、当時無神論として恐れられていたスピノザの汎神論――「神即自然 Deus sive natura」つまり自然そのものが神である――を支持することを告げるものにほかならなかった。(95) ここに、ヤコービとメンデルスゾーン――レッシングの旧友にしてベルリン啓蒙主義の代表者――との論争（「スピノザ論争」）が巻き起こることになるが、これはさらにゲーテ、ヘルダー、ハーマン等をも巻き込んだ「汎神論論争」にまで発展する。このようにして、彼の没後、スピノザ主義者（＝無神論者）という一つのレッシング像が形成された。

レッシングはまた生前には異端として恐れられてもいた。それは、彼がハンブルクのギムナジウムのオリエント学教授[96]ライマールスによって綴られた過激な合理主義的理神論[97]に関する遺稿を二度にわたって『無名氏の断片』という総タイトルのもとに刊行したことが機縁となっている（一七七四、七七年）。二度目には、彼は「編集者の反論」を付し、そこで正統主義の逐語霊感説を痛烈に批判する。「文字は霊ではない。そして聖書は宗教ではない」。「聖書が……不可謬でなければならないとするのは、単なる仮説にすぎない」。「すべての書かれた伝統は、宗教が内的真理をもたないのであれば、宗教に内的真理を与えることはできない[98]」と。当然ここでも論争が巻き起こる。「断片論争」である。なかでも大物、「ハンブルクの異端審問官」の異名をとる、当地のルター派教会の主席牧師ゲッツェが、『断片』をキリスト教に対する冒涜だとして、それを公刊したレッシング自身に対して攻撃をしかけてくる。これに対して彼は反論を行ったばかりか[99]、さらにライマールスの遺稿中最も過激な断片『イエスと彼の弟子たちの目的について』（一七七八年）をも公刊する。そこでは、奇跡、とりわけ復活が理性的に説明されていたが、それによると、復活は弟子たちが宣伝を目的として流したデマだというのである。これは史的イエスと信仰のキリストとを分離するという衝撃的な主張を含んだものであり、後のイエス伝研究に道を開くことになる[100]。論争は、一七七八年、ゲッツェがレッシングの得ていた検閲免除の特権を剥奪するよう、時のブラウンシュヴァイク大公に働きかけて、それを引き出すという仕方で終結するが、検閲ぬきの出版という活躍の舞台を奪われたレッシングは、「わたしのかつての説教壇である劇場」に舞台を代えて、ゲッツェに対する反論を続行する。宗教的寛容を説いたことで有名な戯曲『賢者ナータン』（一七七九年）である。[101]

牧師である父親と牧師の家系の娘であった母親との間に生まれ（一七二九年）、生粋の牧師館の子として育ち、ライプツィヒ大学神学部で神学を学ぶという聖職者、神学者としての既定の道をレッシングが「踏み外した」のは、ルター派正統主義の牙城のあった、まさにその地ライプツィヒにおいてであった。ライプツィヒは当時「小パリ」と呼ばれた魅惑に富んだ大都市でもあったからである。そこで彼は神学修業を放り出して演劇の世界に足を踏み入れる。以来「彼はほとんどその死に至るまで文筆を唯一の生計の糧」とすることになる。すなわち「彼はドイツ文学における最初のジャーナリストのひとり」となる。[102]もっとも晩年の十年余り（一七七〇―八一年）は例外的にヴォルフェンビュッテル図書館の司書として働くが、右で触れたゲッツェとの論争のもととなった『断片』を公刊したのは、この折のことであった。彼はゲッツェに対する反論のなかで、預言や奇跡について福音書記者たちが記したことを永遠の真理として奉るゲッツェのような正統派の見解に対して、「偶然的な歴史の真理は必然的な理性の真理の証明とはなりえない」という彼の根本的見解を対置していたが[103]、戯曲『賢者ナータン』は、この見解をドラマとして繰り広げたものにほかならなかった。[104]このドラマのなかで、ユダヤ教とイスラム教とキリスト教という歴史的宗教のうち、いずれが真の宗教であるかという問いが立てられ、それに対して、例の「三つの指環の比喩」を持ち出しつつ、歴史の途上にいるわれわれには答えられない、という解答が引き出されていたのは、このためであった。かといって、彼は無神論者であったわけでも異教徒であったわけでもなく、純粋なるキリスト教徒であった。このことをきわめてよく示しているのが、最後の作

『人類の教育』（一七八〇年）である。十八世紀の啓蒙主義者たちは啓示（知性を超越した非合理的偶然的真理）と理性（知性に内在する合理的必然的真理）との統合に腐心したが、すでに見たヴォルフの場合のように静的な仕方とは異なって、最後の作では、レッシングは「発展」の概念を導入することによって、これを動的、ダイナミックな仕方で敢行する。[105]「個々の人間において教育にあたるものが、全人類においては啓示にあたる」（第一節）[106]という根本仮説のもとに。彼は純然たるキリスト者として啓示の真理を認めている。しかしながら、それはあくまで「啓示された真理」が「理性の真理」へと「発展」するかぎりでのことであった（第七六節）。彼は「新しい永遠の福音の時代」（第八六節）という人類の完成の時代、「啓蒙と純粋性というこの最高の段階」（第八一節）を想定していたのである。そこでは「人間は善をなすことによって恣意的な報いが与えられるからではなく、善であるがゆえに善をなすようになる」（第八五節）とされていた。

レッシングは、聖職者、神学者としての道を踏み外しはしたが、キリスト教からも、神学からも逸れたことはなかった。彼は自分自身のことを「神学の愛好者」と称している。彼は啓蒙主義の申し子には違いなかったが、だからといって、啓蒙主義の一帰結であり、かつ正統主義に対する批判勢力であるという点で共闘できそうな「ニューモードの神学」に走ったわけではなかった。彼は当時の神学状況のなかにあって、「正統主義を軽蔑していたが、しかしそれ以上に啓蒙思想の合理主義神学（いわゆるネオロギー）を軽蔑していた」[107]。正統主義が「とっくの昔に使いものにならなくなっている汚水」だとすれば、ネオロギーはそれよりもっと不潔な「水肥」だとして、これを彼は酷評している。ネオロギーに従う

「ニューモードの聖職者たち」すなわちネオローグたちが「神学者というにはあまりに欠けが多く、哲学者としてはとても十分とはいえない」からである[108]。たとえば、ネオローグの代表格ゼムラーのことを、レッシングは、「支配的な神学の学問的高慢を個人的に代表せる者」と見なしており、私信では「生意気な大学教授の馬鹿野郎」と罵倒している[109]。こと信仰にかけては、彼はむしろ正統主義のほうを擁護していた。ただし、「ルターの精神」に帰るかぎりにおいて。彼が「清水」を求めていたからである[110]。この比喩を用いて言えば、先に見た敬虔主義は正統主義という「汚水」の底流に流れている「清水」を汲み上げたものということになろうし、いま見たレッシングもまた、このかぎりでは、彼なりに「清水」を汲み上げようとしていたということになろう。現に、彼を「ルターの後継者」と目する評者（ハイネ）さえいるほどである[111]。このように見なしてよいかどうかはともかくとして[112]、ネオロギー（実証的聖書解釈の先駆形態）vs. 正統主義という対立状況のなかでレッシングの採ったスタンス（「ルターの精神」への復帰）を、後年、実証的聖書解釈の行き着いた先、その極北（様式史・伝承史研究）vs. 正統主義という対立状況のなかでバルトが採ったスタンス（福音信仰への復帰）に比定できるかもしれない。二十世紀初頭、バルトの採ったスタンスとその衝撃については、本章の最後で言及する。

5　カントの批判哲学と宗教思想

レッシングが啓蒙の頂点に位置するとすれば、カントは啓蒙の終点に位置する。彼は理性それ自身に対しても批判の矛先を向け、理性に限界を定めるからである。これが彼の批判哲学である。もっとも、啓示と理性との関係に関しては、彼はレッシングの立場を越えるわけではない。「カントは、レッシング同様に、『実定的』宗教〔既成の宗教〕を『人類の教育』における契機および通過点と見なしている」[113]。

成熟期（「批判期」と称される）のカントによって確立された批判哲学の内容は三つの批判書『純粋理性批判』（第一版一七八一年、第二版一七八七年）、『実践理性批判』（一七八八年）、『判断力批判』（一七九〇年）で述べられ、同時期の宗教哲学は一つの宗教書『単なる理性の限界内の宗教』（一七九三年）で述べられるが、両者の関係については、単純に後者が前者の延長上にあると見なしてよいかどうか、この点、意見の分かれるところである[114]。カントの発言そのものもまた両義的で、彼は、一方で「道徳は宗教を必要としない」と言いながら、他方で、「道徳が宗教にいたるのは避けられない」とも言う（前記『宗教論』第一版「序言」⑩7, 11）[115]。彼が打ち建てた批判哲学の内容は、『実践理性批判』で唱えられた実践理性の要請論に集約できるが、この観点に立つかぎりでは、「道徳は宗教を必要としない」という前者の発言が、批判哲学の精神に即している。

批判哲学とは、何よりもまず、自由の哲学である。自由が理性体系全体の「要石」をなす（『実践理性批判』「序言」⑦124）。古来、人間に自由があるか否か、繰り返し議論され論争されてきた。一方は自由意志ありと主張し（自由意志論）、他方はなし、すべては神の決定もしくは自然の因果に服する（決定論もしくは宿命論）と主張した。カントはこの伝統的な難問、論争を、「二律背反（アンティノミー）」の三番目のものとして定式化し、双方の主張が対立しているると見えるのは、双方がともに主張の妥当範囲を普遍化しているためと見なし、それぞれの主張の妥当範囲を限定するかぎりで、双方とも真とする、という判定を下す。すなわち、一方を英知界における理性的存在者に妥当する主張、他方を感性界における感性的存在者に妥当する主張と見なすわけである（『純粋理性批判』弁証論[116]）。カントにあっては、このような仕方で確保される。だが、ここでの自由はなお消極的な自由すなわち実践的自由が成立するための理論的保証（自然の因果性からの独立としての超越論的自由）にすぎない。だが、この消極的自由が、倫理学の領域においては、積極的自由すなわち実践的（道徳的）自由として姿を現す。ここでは、一切の因果性と他人による規定を免れた意志が法則を立てるとされるから、道徳法則の原理は意志の自律にあることになる。ここに自律とは「消極的には質料的規定根拠からの独立を意味し、積極的には自己規定すなわち自己立法を意味する」[117]。カントは欲求能力を質料と形式に分けて議論しているのだが、質料には欲求の対象、状態、行動のすべてが入り、これらが人間に快不快をもたらす。そうして人間に快不快をもたらす質料的規定根拠のすべてに共通する原理、それが幸福である。思想史上、幸福を人間の行動の原理として基礎づける目立った試みの一つはアリストテレスの倫理学だが、それは、幸福を人間の行動の単に主観的な満足に留めず、人生の最高目標と見なした。このことは、幸福を、他にそれに優るもののない「最高善」と見なしたとを意味する。カントも「最高善」を認めはしたが、それはあくまでも実践理性の要請論の枠内でのことであった[118]。要請論によれば、「最高善」の実現が可能になるためには、魂の不死と神の存在とが前提されねばならない、とされる。意志の最終目標である「最高善」とは、カントの意志倫理学にあっては、道徳と幸福とが一致することを意味するが、これには無限の実践的努力が必要で、このためには、同一の理性的存在者が無限に持続すること（「魂の不死」と呼ばれるもの）が前提されなければならないし、また、道徳法則のうちには、徳福一致の必然的連関をもたらす根拠がなく、そのため、その根拠として神の存在が前提されなければならない（『実践理性批判』の要請論⑦300-305）[119]。

以上が批判哲学の大要であり、そこでは、神と自由と不死というヴォルフの理性的哲学体系に即して言えば、特殊形而上学の各部門の主題が尽くされており、さらに改めて類似の主題を論じる必要などない。つまり、それに宗教論を補完する必要などない（「道徳は宗教を必要としない」）。にもかかわらず、彼自身、「道徳が宗教にいたるのは避けられない」として、宗教を道徳との関連で論じている。なぜか。それはやはり、道徳法則に従いきれない人間の弱さを顧慮した結果であろうか。だが、そうだとすれば、すなわちわれわれが道徳法則に従って行為するためには、宗教の後ろ盾を必要とするのだとすれば、カントの道徳説はたちまちそれが否定した他律道徳説に転落してしまう。そうではなくて、彼が「不可避的」なものとして宗教を論じるのは、彼の批判哲学の集約点をなす実践理性の要請論が「最高善」の理念との関連において成立しており、かつキリスト教も「神の国」という理念として「最高善」を説いており、この点で、両者は内容的に一致したところがあるためである[120]。だが、それは理論的にではなく、あくまでも実践的に留まっている。このことは、彼が第三の批判書『判断力批判』（第八五―八六節）で、批判哲学を神学として特徴づけた場合に、それを、経験的にのみ認識される自然の目的から神の存在を推論する通常の「自然神学」[121]とは異なって、神による世界創造の究極目的を「理性的存在者」「道徳的存在者」としての人間と見なす、彼独特の「道徳神学」と特徴づけた（⑨107-133）ことに端的に示されている。

ここでカントの生涯について触れておこう。先に見た、各地を転々としドイツで最初のジャーナリストとして活躍したレッシングとは異なって、カントは一所定住、物静かな学究の徒としての生涯をおくっている。[122]彼の一生は、東プロイセンはバルト海に臨む港町ケーニヒスベルクで生まれ、当地の大学で学び、その大学の教授となり、当地で没、これで尽きる。[123]だが、この表面的には単調に見える生涯を通して、彼は長年の悪戦苦闘の末に、いま見た批判哲学を確立したのだった。[124]彼の宗教論は、すでに指摘したように、レッシング同様、既成の宗教、キリスト教を「人類の教育」の契機、通過点と見なすもの、カント自身の言葉を用いて言えば「最高善」実現のための「手段」[125]（⑩220）と見なすものにほかならなかった。根本思想においては悪の原理に善の原理が打ち克つという、キリスト教的摂理を独自に論述するという点で、カントの宗教論はレッシングのそれに通ずるものがあるが、論述の個々の内容は、『人類の教育』におけるレッシングの場合のように理性と啓示との調和的一致が描き出されるというよりは、むしろ歴史信仰・啓示信仰（後年のヘーゲルの用語で言えば「実定宗教」）に対する批判となっている。

さて、宗教論では、その批判が、「理性信仰」と彼の名づける彼独自の「純粋な道徳的宗教」の立場から、㈠原罪、㈡イエス、㈢教会、㈣僧職制の問題に即して展開される。

㈠正統教義では、堕罪、原罪は生殖によって子孫に遺伝するものとされるが、このような教義のもととなった創世記の堕罪神話も、カントによって、「悪への不断の性癖」としての「根源悪」の表現、すなわち人間理性に固有の「選択意志の自由」に基づく人間行為の原型の象徴的表現と解釈される（⑩

25ff., 55ff.)[126]。

(二)「理性信仰」「道徳宗教」の立場から、カントは、イエスを完全な道徳性を具現した人間、言い換えると善の理念を人格化した「理想」としての善人と解釈する[127]。このようなものとしてのイエスは、人間、すなわち自由を手にしたために善悪の対立につきまとわれ、それらの闘争の場と化している人間が、善に向かうための「模範」「範例」[128]として役立つというわけである(「いまや人間は、このような神の御子……への実践的信仰において、神に嘉せられるようになれる……という希望をもてるようになる」⑩81)[129]。このような道徳的、実践的信仰の立場からすれば、イエスの生涯において果たされたとされる奇跡は不要なものでしかない(⑩112-120)。

(三)キリスト教の伝統においては、「神の国」を建設することが最終的な理想であるが、その準備をなすのが「教会」である。これと類比的に、カントは最終的な理想を「道徳的完全性」としての「最高善」——ここで道徳と幸福が一致する——の実現に置き、その準備として、それを目指す「道徳的な民」からなる倫理的共同体の形成を唱え、これを「見えざる教会」と呼ぶ。これを理念とする「真の(見える)教会」は、セクトの分裂のない普遍性、道徳的動機の純粋性、成員相互の民主制、典範の不変性を根本特徴とする(⑩131, 136)。これらすべて、既成の教会の実態と異なることは言うまでもない。既成の教会における神への奉仕は、カントに言わせれば、「純粋道徳宗教」としてのそれではなく、「礼拝宗教」としてのそれでしかないが、その理由を、彼は「人間本性の特別な弱さ」に見ている(⑩136f.)。彼によれば、「純粋道徳信仰の方が教会信仰に先立たなくてはならない」(⑩156)のである。ここに掲げられた彼の原理は、贖罪と恩寵の教義を否定するものにほかならなかった。この教義に従えば、自分のものでない功績（イエスによる身代わりとしての贖罪とこのように神の御子を犠牲に供する父なる神の恩寵）が善行をなそうとするあらゆる努力に先行せざるをえないことになるからである[130]（⑩ 156f., 313）。ここで、カントはルターの信仰義認論、福音主義（sola fide, sola gratia）の対極の位置に立つことになる。すでに見たとおり（本章第二節）、人間による功績、道徳的努力の無意味であることの自覚によって、ルターは彼の宗教改革の原理を確立したのだった。ルターが信仰に紛れ込む道徳的要素を徹底的に廃棄することによって、信仰の純化（絶対他力）を目指したのに対し、カントは、信仰に紛れ込む道徳的怠惰を断固拒否して、信仰の道徳化、倫理化（絶対自力）をはかったと言ってよかろう。カントは宗教論のなかでしばしば聖書から引用を行っているが、それは、新約聖書、しかも山上の垂訓等の道徳的な言辞が中心となっており、たとえば、ルターが確信を得たロマ書三章などは一顧だにしていない[131]。だが、逆に、ルター派の正統主義神学の形骸化に抗してルターの精神に戻ろうという信仰覚醒運動として十七世紀、特に十八世紀にドイツ中に広まった「敬虔主義（ピエティスムス）」――本章第三節で紹介した――との関連から言えば、カントにおける信仰の道徳化、倫理化、言い換えると内面化は、「敬虔主義」の流れに掉さしているとは言える。

㈣ともあれ、このように、信仰に関してはルターと対極の立場に立つカントにおいても、既成の教会組織、僧職制に対する批判という点では、ルターの万人祭司主義に類似した批判がなされていた。すでに見たとおり、真の教会の要件の一つに、彼は成員の民主制を挙げていた。ここから当然、僧職制の否定が導き出される。「祭祀」とは、彼にあっては、「宗教的迷信」にほかならなかった（⑩234）。神に対する奉仕たる「祭祀」は、キリスト教会においても「礼拝」という形態を取るが、これが外的権威による強制になると「偽奉仕」と化し、これを恒常化させるのが「僧職制」だというわけである（⑩235-242）。

以上、その要点のみを見たカントの『宗教論』は、最初は一連の雑誌論文、当時、啓蒙の旗振り役を演じていた『ベルリン月報』への寄稿論文として構想されていた（カントは『啓蒙とは何か』という論文をすでにこの雑誌に寄稿、それが一七八四年十二月に掲載されていた）[132]。この構想に基づいて、㈠原罪（根源悪）を主題とした第一論文は、プロイセンの検閲当局の検閲と出版許可を経て、実際に最初は一七九二年二月に当誌に掲載された。ところが、㈡イエス論を主題とした第二論文は、「聖書神学を侵害する」として印刷不許可となった。そこで、カントは、翌九三年、他に出版許可の権限をもっていた大学の学部（イェーナ大学の哲学部）より出版許可を得て、第一論文、第二論文に、㈢独自の教会論を唱える第三論文および㈣僧職制批判を企てる第四論文を加えて、それらを単行本として出版したのだった。このため、さらに彼は国王の命により宗教に関する見解の表明を一切禁止されるに至る。一七九四年のことである。以後、彼は国王が没するまで（一七九七年）やむなくこれに従わざるをえなくなる。カントがケーニヒスベルク大学に入学したその年（一七四〇年）、フリードリッヒ二世がプロイセン国王に即位したのだったが、この国王はフランスの啓蒙主義者ヴォルテールを彼の肝煎りで刷新したベルリンアカデミー（創立一七〇〇年）に招聘しようとしたし、後には（一七五〇年）彼をポツダムのサンスーシー宮に住まわせているほどに開明的で、「啓蒙君主」と称されさえしたが[133]、彼の没後（一七八六年）、王位についたフリードリッヒ・ヴィルヘルム二世はその逆で、啓蒙主義的活動に対する言論統制に精を出した。その間に（一七八九年）隣国で革命が勃発したから、その厳しさは益々増大した。カントの宗教論の出版はこのような状況下でなされ、その標的となったのだった。一七九七年には、この王も他界し、カントは国王の私信とそれに対する彼の返書を公表（『学部の争い』序言）、そのなかで、自身の宗教論は理性の導きのみに従う自然的宗教について述べたにすぎず、聖書からの引用も故ミヒャエリス（一七九一年没）の先例に従ったまでのことである、と弁明している[134]。ミヒャエリスは、すでに紹介したように（第四節第1項）、聖書を歴史的批判的（文献学的）に解釈しようとした「ネオローグ」と呼ばれる新しい啓蒙主義的神学者の一人だが、カントの聖書解釈は歴史的批判的（文献学的）解釈ではなく、純然たる哲学的解釈と見なされるべきものであり、カントがここでミヒャエリスの名を挙げ、自身の立場を彼のそれに同定している理由は、彼の解釈の聖書の記述への忠実性という点にあった。

カントの宗教論は当時のプロイセン政府当局のみならず、他にも強烈な衝撃を与えている。たとえば、後年、ルター派の正統主義と戦うことになるテュービンゲン神学寮の朋友たち（ヘルダリン、シェリング、ヘーゲル）にである[135]。三批判書および宗教論の刊行直後、したがってまたフランス革命後という時代に、彼らはカント哲学をドイツに革命をもたらすものとして、その思想的破壊力に大きな期待を寄せることになる[136]。

六　啓蒙と反啓蒙

1　リスボン大地震とオプティミズム論争

時は十八世紀半ば、一七五五年十一月一日のこと。ポルトガルのリスボンで大地震が起きた。第一章「序」で述べたとおり、この日は万聖節に当たっており、人々は教会に集っていた。その上、地震は午前十時前に起きたものだから、礼拝の真最中に、信者たちが大量に、倒壊した教堂（その数三十とも数えられている）の下敷きになって落命することにもなった。何と皮肉なことであったろうか。いったい神様は何をなさるのか。このような疑問が沸き起こったとしても不思議ではない。地震後、夥しい量のルポルタージュや詩が新聞紙上を賑わせている。また書物も数々現れた。クリューガーの書（『地震の原因ならびに道徳的考察に関する諸見解』一七五六年）もその一つであった。これは、リスボンの惨状を「それがわれわれに神の恐るべき威力を告知しているに違いない」と解釈して、人々に彼らの日頃の行状に対して警鐘を鳴らし、あらゆる地上の災厄が「聖書が告知するこの世の没落の序曲」にほかならないことを強調していた（Breidert, 32, 41）[137]。いま名を挙げたクリューガーというのはヘルムシュテット大学の医学、哲学教授なのだが、この頃気を吐き勇名を馳せたのは、よく知られているとおり、フランスの啓蒙家ヴォルテールだった。

かつてライプニッツが、神は完全だから世界を最善のものとして創造したのであり、そのため個々の悪も全体のなかでは善のために寄与しているのだと主張し（『弁神論』一七一〇年）、それがポープにより詩に歌われることによって大いに世に広まっていた（『人間について』一七四三―四四年）。これに対し、ヴォルテールは『リスボンの災厄に関する詩もしくは「すべてよし」というかの金言の吟味』（一七五六年）を書いて、これを槍玉に挙げ、皮肉ったのである。災厄、不幸を目にしながら、「哲学者たちは『すべてよし』と叫んで韜晦している」。彼は、災厄と不幸に充ち満ちたこの世、とりわけリスボンの惨状を前にして、哲学者をおいて他に、いったい誰が「すべてよし Tout est bien」などと呑気なことを言っておられようかと、哲学者の現実無視を詰《なじ》り、現実の悲惨さを強調している。その上、現実はまた皮肉でさえある。「リスボンはそんなに多くの悪徳を重ねたろうか」と問いかけて歌われる。「リスボンが痛められた折、パリでは踊りに興じている」と（Breidert, 61-62）。

ライプニッツ＝ポープのオプティミズム（「すべてよし」）に対するこのような批判と皮肉に対して、逆に反論を試みたのが、ルソーであった。彼はヴォルテール宛の書簡体というスタイルで反論を試みる。『摂理に関する手紙』（一七五六年）である。彼はヴォルテールに呼びかけて、自身の心情を素直に告白する。「あなたがかくもむごいとお考えになる、かのオプティミズム〔楽観主義・最善観〕は、あなたが堪えられないとおしゃっるまさにその悲惨さという点で、私を慰めてくれます。ポープの詩は私の苦悩を和らげ、堪えさせてくれます。あなたの詩は私の苦悩を増し、不平へ駆り立てます」と。このように理屈ではなく心情的にライプニッツ＝ポープのオプティミズムを支持する旨を明言した上で、彼は、「たいていの自然災厄はいつも変わらずわれわれ自身のなせる業だ」という観点から、リスボンのケースを例にとりながら、大都市に住民が集中したり、そこに高い建物を建てたりする人間の所行がむしろ災厄を呼び寄せている、つまり災厄は人災だということを強調している（Breidert, 80-81）。「問題は、われわれが害悪をこうむっているか否かではなく、宇宙が存在していることは善いことかどうか、またわれわれの苦悩が宇宙体系のなかで不可避かどうかです。……『すべてよし tout est bein』という代わりにこう言ったほうが正確でしょう。『全体はよし le tout est bien』あるいは『すべては全体のためによし tout est bien pour le tout』と」（Breidert, 87）。

2　カントの地震論とオプティミズム論

一方ドイツのカントも、ヴォルテールとルソーとのやりとりとは別に『地震の歴史と博物誌』（一七五六年）を書いて、地震を一方的に災厄視またひいては懲罰視する考え方（先のクリューガーの見解がその一例）を槍玉に挙げて、これを批判している。それは、地震を引き起こす同じ原因が、温泉の効用等、われわれに恩恵を与えているという、反対の事例を対置して、人間の都合だけですべてを判断してしまう手前勝手な利己主義、人間中心主義を批判する、というものだった。「人間は自然に順応することを学ばなければならないのに、自然に人間が順応してくれるように望んでいる」と。地震による犠牲を嘆くこと、この世に財を積むこと、足下に火種をかかえる地上に豪華な建物を建てることなど、すべて了見違いだというのである。そうして、われわれが善を実現するという高い目標に向かって進むことさえ心がけるならば、われわれ人間の営みも神の摂理に合致することになる、と人々を励ましている（I

317-319)。このような発言の後、彼はさらに『オプティミズム試論』(一七五九年)を書くことになる。[138]

当時、事ある毎にヴォルフ派に対抗していたクルージウス派はケーニヒスベルク大学内にも根を下ろしていた。一七五九年、当大学において教授資格を得る討論のために、クルージウス派のヴァイマンは「最善ではない世界について」を討論のテーマに選び、カントに反対論者を務めることを要請した。だが、カントはこれを断り、公開討論の翌日に一論文を公刊した。これが『オプティミズム試論』にほかならなかった。当『試論』で、カントはクルージウスやライハルトらによってなされたライプニッツのオプティミズムに対する批判を理論的に反論した上で、常識に訴える仕方で、この説の正しさを確認している。曰く。「そうした方法にもとづく推論は次のようになろう。すなわち、最も完全な世界が可能であるのはそれが現実的だからであり、最も完全な世界が現実的であるのはそうした世界が最も賢明で慈悲深い神の意志にもとづいて選び取られることによって創り出されたからである。……神はみずからの知るあらゆる可能世界のうちからまさにこの現実世界を選択したのだから、神はこの世界を最善の世界と思っているはずであり、そして神の判断は誤ることはないのだから、この世界は実際にまた最善の世界であることになる」(② 228)。このようなオプティミズム、最善観を、カントは『試論』の末尾に、「全体は最善であってすべてのものは全体のために善である」(② 284)と要約している。

3　ハーマンのカント批判(1)——オプティミズムをめぐって

通常、当『試論』はいわゆるライプニッツのオプティミズムとのみ関連づけられて理解されているが、ルソーのオプティミズムとの関連からも理解できる。[139] 実際、ハーマンなどは、『試論』のカントを目して、「ルソーのように最善の世界を申し立てる人」と見なしている（一七五九年十二月、カント宛書簡、礒江六三）。[140] ハーマンはカントがルソーのヴォルテール宛書簡を知っていることを前提している。われわれはハーマンが弟に宛てて「カントはルソーのヴォルテール宛書簡をB氏に送り返す」（一七六〇年二月十九日付、礒江六三）と書き送っていることからもこれを確認できる。ともあれ、ここで見ておきたいのは、ハーマンによるカントのオプティミズムに対する批判である。彼は一七五九年十月十二日、友人のリントナーに宛てて次のように認めている。

「彼の思いつきは、そそっかしい牝犬が産んだ盲目の子犬です。……彼は世界について判断せんがために全体を引き合いに出しています。だが、そのために、もはや断片（Stückwerk）ではないような知が必要です。だから、全体から断片（Fragmente）へと推理することは、知られざるものから知られたものへと推理するのと同じことです。全体を見るように私に命ずる哲学者は、ものを書いているときの心を見るように私に命ずる他の哲学者と同じように、難しい要求をしていることになります。全体は、君の心が私に隠されているのと同じように、私には隠されているのです。私が神であるとでも君は思うだろうか」（礒江五九以下）。

4　ハーマンの処女作『ソクラテス回顧録』

見られるとおり、ハーマンは全体に対する無知を自身の立場としている。無知の立場は、奇しくもカントの『試論』が刊行されたのと同じ年（一七五九年）に、彼が処女作『ソクラテス回顧録』で闡明したものにほかならなかった。

ハーマンは、カントが生まれた六年後の一七三〇年ケーニヒスベルクの外科医のもとに長男として生まれている。家庭教師によりおぞましい体験を強いられて後一七四六年、彼は神学を学ぶため同地の大学に入学するも、一七五二年頃には退学する。その後一七五六年にリガの大商会、ベーレンス商会と接触、商会の命によりロンドンへ。滞在は一七五七年四月十八日から翌年六月二十七日まで。このロンドン滞在中、商会から与えられた任務に挫折し、絶望と乱行の末に、かの「回心」を体験する。五八年三月十三日のことである。彼は絶望からの救いの綱を聖書のうちに発見したのだった。エレミア書第三八章が彼に救いを教え、モーセ書第五編第五章は彼がカインの末裔であることを悟らせた。このことは翻って、彼が大学時代に吸い込んだ啓蒙の息吹を吐き捨てさせ、彼を啓蒙に対する強烈な批判者に仕立てることとなる。古くはアウグスティヌス、新しくはパスカルの如く「回心」を体験した[141]ハーマンは、ロンドンよりベーレンス商会のあるリガに戻って後、五九年一月、ケーニヒスベルクの父のもとに帰る。同年七月、「回心」を憂慮した友人のベーレンスが学士カントを連れ立って彼が閑居していた風車小屋を訪れ、啓蒙への復帰、転向を迫ったが、彼はこれに応じず、むしろ変心を迫る「哲学者の身勝手さを笑わざるをえない」（同年七月二十七日付カント宛書簡、礒江三二）ことになる。「一世を蠢動した」とゲーテによって評されることになる『ソクラテス回顧録』はこの会合に対するリアクションとして成立した[142]。

ハーマンは当『回顧録』の本文冒頭において、まず「ソクラテスが彫刻家の父と産婆を両親にもったこと」に注目している（p. 27）[143]。彼はソクラテスの教授法たる産婆術に「謙虚」（p. 28）を、ソクラテスが彫刻家となったことに受難を見ている。彼がここで特に彫刻家にこだわるのは、一つには、彫刻家とは「木を削ってあるべきでないものを取り去るが、まさにこれによって像の形体を引き出すのである」（p. 28）というルターの言葉を引用するためであり、いま一つには、ソクラテスをイエスと重ね合わせるためである。「彼らは、ソクラテスにおけるところの彫刻家の貢献をあまりに偉大に思い描くので、その点でこの賢人を捉えそこなう。その彫刻家を神化するあまりに、かの大工の息子をいっそう安んじて嘲ることができると考えるのだ」（p. 30）。

ハーマンがここ処女作でソクラテスについて語る語り方はソクラテス流にきわめてアイロニカルで、ソクラテスを追想すると見せて、その実、現在について語ることしばしばである。しかも二重の意味において。すなわち、古代ではなく、近代とりわけ啓蒙の時代としての現在であり、かつ異教のギリシアではなく、キリスト教のドイツである。つまりたとえば、アテネのソフィストたちに、ケーニヒスベルクやベルリンの啓蒙主義者たちが重ね合わされる。「何も知らない」と言ったソクラテスは、同じ言葉によって、クリトンに対しては釈明を行い、若者たちには虚栄を絶つことを促し、ソフィストたちに対しては拒絶を表明した（p. 42）。この言葉は彼の時代の学識者、ソフィストたちには厳しく響いた。「この言葉は、彼らの目の中の棘となり、彼らの背を撃つ鞭となった」（p. 44）。ハーマンにとって、彼の時代の学識者とは啓蒙主義者たちを意味した。すでに見たとおり、彼らは信仰を理性のうちに取り込もうとした。これに対して、ハーマンは両者を峻別しようとした。このようにして彼が守ろうとしたものは、理性という啓蒙の立場に対する信仰の立場である。「信仰とは理性の業ではない。それゆえまた、理性の攻撃に屈することもない。なぜなら、『信仰』は、『味わい』『見る』ことと同様に、根拠によって生ずることはないからだ」(p. 46)。ハーマンはソクラテスの無知の精神をキリスト教信仰に重ね合わせる。彼は自らの無知に関するソクラテスの証言を「異邦人の教師」の託宣(第一コリント八・二―三)に比定している。「かくしてもし誰かが、自分が何かを知っていると思いこむなら、彼はまだ知るべき何ものをも知らない。しかしもし誰かが神を愛するなら、その人は神に知られている」(p. 46)。またハーマンはアテネについて語りつつ、啓蒙時代の今日に言及せざるをえなかった。いやそうであるよりはむしろ、彼にとっては、アテネは啓蒙時代の今日の隠喩である。「アテネには、神々の安寧に与り、神々を同じく賢く幸いな者となる〔途はこれこれ〕と語らう多くの宣伝がひしめいていた。今日の、任官の口や名誉職を募るもくろみさながらである。新たな偶像崇拝は何であれ、祭司にとっては〔金の埋まった〕鉱脈であり、公共の富を増し加えるものとされた。一方、ソフィストたちの新たな分派は健全なる理性と経験の百科全書を約束していた。これらの企図こそ、ソクラテスがその同胞市民たちに対して嘔吐させようとした食道楽であった」(p. 62)。

5 ハーマンのカント批判(2)――啓蒙をめぐって

ハーマンによる時代の主潮流たる啓蒙に対する批判の厳しさは、カントの啓蒙論文に対する批判において益々高まる。カントの論文『啓蒙とは何か』(一七八四年)冒頭に曰く。「啓蒙とは人間が自ら招いた未成年状態から抜け出ることである。未成年状態とは、他人の指導なしには自分の知性を用いる能力がないことである。この未成年状態の原因が知性の欠如ではなく、他人の指導がなくとも自分の知性を用いる決意と勇気の欠如にあるなら、未成年状態の責任は本人にある。したがって啓蒙の標語は、『あえて賢くあれ！Sapere aude!』『自分自身の知性を用いる勇気をもて！』である」(⑭ 25)。

ハーマンは当啓蒙論文においてカントがフリードリヒ大王とともに「後見人」の立場に身を置いていることを鋭く突く。彼はここに二度匿名で登場する「他人」とはいったい誰なのかと問い、自ら答える。それは「後見人」なり、と(p. 224f.)。そうして、カントが責め立てる未成年・未成熟者の無能、責任が彼ら自身にあるよりもむしろ「後見人の盲目」にこそあると主張する(p. 224f.)。「出不精で理屈屋のかの思弁家」である啓蒙主義者は未成年・未成熟者の怯懦を非難するが、それはお門違いである。「盲目の後見人」たるフリードリヒ大王が「よく訓練された多くの兵隊を己が無謬性と正統性の保障として有する」からである。法王の如き「無謬性と正統性」を軍隊によって保障され、女中である啓蒙主義者たちに導かれている王にとって、人民に対して彼が発する御託宣はただ「信ぜよ、教練せよ、納めよ」のみであろう(p. 226)。あるいはまた、カントは啓蒙論文のなかで、学者として一般の読者に意見を発表する自由を理性の公的使用と称し、これを職務遂行としての理性の私的使用と区別しているが(⑭ 27ff.)、これに対しても、ハーマンは「滑稽」と見なし、後者こそ「日毎のパン」であって、前者は「デザート、脂ぎったデザートにほかならない」(p. 229)と酷評している。彼にあっては、未成年者と後見人とを一つにすることにこそ、「政治の課題全体の結び目」があると見なされた(p. 228f.)。結局のところ、「我らの世紀の啓蒙とは、単なるオーロラに過ぎない」(p. 227) というのが、ハーマンがフリードリヒの世紀、専制君主的啓蒙に対して下した診断にほかならなかった。[144]

6 ハーマンのカント批判(3)――批判哲学をめぐって(「メタ批判」)

ハーマンの著作は独特の装いのもとに、言わば仮面をつけて登場する。そのほとんどが匿名の批判書なのである。二人の友人啓蒙家に対する反論『ソクラテス回顧録』(一七五九年)、ネオローグのミヒャエリスに対する批判『美学提要』(一七六二年)[145]、キリスト教の純化を企てたシュタルクに対する批判『ヒエロファント的書簡』(一七七五年)、ヘルダーの言語論に対する批判『バラ十字の騎士の遺言』(一七七二年)、カントの主著に対する批判「理性の純粋主義へのメタ批判」(一七八四年)、メンデルスゾーンにおける啓蒙主義に対する批判『ゴルガタとシェプリミーニ』(一七六二年)。

今からこれらのうち「メタ批判」の内容を少々紹介する。これは当初はカントへの友情と恩義のために公表が控えられたものだったのだが、その十五年後――ハーマン没後十一年――の一七九九年にヘルダーの『純粋理性批判のメタ批判』が出現するに及んで、その翌年、それがハーマンの剽窃にすぎないことを暴露しようとしてリンクという人物によって公表されるに至る。いきなり不名誉な形でここにその名を登場させたヘルダーは、東プロシアの寒村モールンゲンの貧しい家庭に生まれ(一七四四年)、長じてケーニヒスベルク大学で哲学と神学を学び(この折、彼はカントの講義を聴く)、生涯にわたって牧師という激職にありつつ、実に旺盛な文筆活動を展開する。『近代ドイツ文学について』(一七六七年)を皮切りに。ヘルダーは、言うまでもなく、シュトルム・ウント・ドランク（疾風怒濤）の火付け役であり、シュトラースブルク遊学中のゲーテに、詩人、文豪としてのゲーテとなるための最初の一歩を歩ませた当の人であるとともに（一七七〇年）、『言語起源論』（一七七二年）によってベルリンアカデミーの懸賞に入賞する一方、現代に続く民謡研究や神話研究に道を開いたばかりでなく、主著『人類の歴史哲学考』（一七八四―九一年）では、風土論や今日の哲学的人間学の先駆けとなる人間論等、今日なお注目に値する様々な着想を打ち出している[146]。彼はまたケーニヒスベルクゆかりの人として、師カントとも先輩ハーマンとも知己であった。ハーマンとの交流ははや彼が文筆活動を開始する以前の一七六二年に始まっており、それは一七八一年の『純粋理性批判』の刊行期には、カントの批判書をめぐる書簡の往復となっている。それによると、ハーマンは同年七月一日には「書評概略」を起草しているから、「メタ批判」はその後三年間にわたる彼の熟考の成果であった（とはいえ未完の覚え書）。この未完の覚え書について本人から知らされたヘルダーはこれを彼への「委託物」として「他人の眼には触れない筆写として」保存することを懇請（一七八四年八月二十三日付のヘルダーの書簡、礒江一〇〇）。この懇請に応える形で、これは一七八四年九月十五日付ヘルダー宛書簡に同封される[147]。

「涙に値する――ああ、虚しきかな、かかるものの全ては」（p. 203）――「理性の純粋主義へのメタ批判」冒頭に掲げられた、このモットーは、今日になんなんとする屋上屋を架すスコラ的カント学に対しても通用する痛撃であるのみならず、このなかで提唱された理性批判の言語批判への転換の根本テーゼは、二十世紀になってようやく遂行されることになる「言語論的展回[148]」の先駆けですらある。ハーマンはカントの『純粋理性批判』の試みを、一切を理性へと純化する試みと見なす（p. 206f.）。第一に「伝承や伝統」から、第二に「経験」から、第三に「言葉」から。

第一の純化は「半ば誤解されまた半ば不首尾に終わった試み」と判定され、第二の純化を彼は後の啓蒙論文批判にも認められる口吻で、「カトリックと絶対政治には不可欠な無謬の『賢者の石』があると約束する」ものと定義し、この約束によって宗教から「聖性」が、立法から「威厳」が奪い取られることは「批判の世紀」の「滑稽さ」だと慨嘆する。そうして彼にとって「究極の純化」――それが「言葉」からの純化にほかならず、彼にあっては、言葉こそ「理性の唯一最初で最後のオルガノン、またその尺度」にほかならなかった。だが、言葉は「『伝承』と『慣行』の他に保証を持たぬ」ものなのであり、カントによって第一の純化によって端から捨て去られているものである。カントのこうした根本的意向を、ハーマンは「質料に対する『グノーシス的』憎悪[149]」「形式に対する『神秘的』愛好」と特徴づけ、これを「古く冷たい数学への先入見」に根ざすものと洞察する（p. 208）。今日的なコンテクストから言えば、これは二十世紀初頭の記号論理学登場以後の論理実証主義をはじめとする科学哲学における人工言語への偏向という動向[150]に連なるものであろう。ハーマンの目は初めから日常言語の方向に向いていた。たとえばすでに言及した『ソクラテス回顧録』におけるソクラテスの無知に関する発言が同じ言葉によって意味を異にする（釈明、促し、拒絶）という洞察など、素朴ながら今日の言語行為論の先駆形態と見なしうる[151]。そうして彼にとって日常言語の原形態とは、数学をモデルとする人工言語の対極に位置する詩にほかならなかった。「詩は人類の母語である」（p. 116）とは、旧約聖書の人工言語化を目指したミヒャエリスを批判しようとした『美学提要』に見られる有名なテーゼである。このテーゼの背後には、「創造とは、被造物を通じての被造物への語りかけである」(p. 119) というキリスト教的言語観が控えている。

カント批判に戻って言えば、ハーマンは、カントの理性への純化の方向に抗って「『言葉』の発生論的先行性を証明する演繹」の必要性を唱えている。彼によれば「考える能力のすべてが言葉に基づくからである (p. 210)。時間と空間であれ、感性と悟性であれ、ハーマンはこれらを悉く言語に関連づけて捉え直す。「『音』と『字母』こそが、『アプリオリな』純粋形式であり、……人間の全ての認識と理性の真なる感性的要素である。最古の言葉は音楽であった」。このような観点からハーマンは時間の「生身の原像」を心拍や息のリズムに見出し、空間のそれを最古の文書に認められる絵画や線描に見出している (p. 210)。また、彼はカントが分離した感性と悟性とを「共通の根」(すなわち言語) から生ずるものと見なす立場から、カント的分離を厳しく難詰する。「何の必要があって、自然が結び付けたものを、かくも乱暴かつ僭越的、独断的な仕方で分かつのか。両方の幹は共に、その共通の根の二分と両断によってこと切れ、ひからびないであろうか」(p. 211) と。

7 ハーマンのネオロギー批判(『美学提要』)

先に触れた『美学提要』(一七六二年) は主として聖書を歴史的批判的に解読しようとして啓蒙的聖書解釈を試みたネオローグの一人ミヒャエリスを念頭に置いて書かれた批判文である。そこで、ハーマンは、聖書を他の一般の文書と同様の書物として扱うこと、および聖書を一義的に解釈可能と見なすことに反対している。一義的解釈に関して言えば、そこで彼が名指しで批判したのは、ミヒャエリスに影響を与えたイギリスの聖書学者ジョージ・ベンソンであった。彼はロックの『キリスト教の合理性』（一六九五年）を手本にして『意味の統一論』（一七五六年）――ミヒャエリスはこれをドイツ語に翻訳している――において聖書の一義的解釈を提唱していた(152)。これを捉えてハーマンは、自身の教皇主義の梁に気付かぬまま「ローマ教会の目の塵を払おうと躍起になっている」とベンソンを揶揄し、彼に対して「一致（一義性）は多義性とともには成り立たないのか」と難詰している（p. 133）。興味深いことに、この批判文はハーマン一流の独特の装いのもとで、この場合は「カバラ的散文によるラプソディー」として書かれていた。ある注のなかで、カバラ風(153)の文体についてとやかく言う徒に対する予防としてベーコンの『学問論』第九巻からの引用がなされており、このなかにハーマンの聖書解釈の基本的な立場が端的に現れている。「聖書解釈には二つの逸脱がある。ひとつは、聖書のなかにはじめから絶対の完全性をおき、全ての哲学は必ずやそこから流れ出すと一人合点し、そうではない哲学は悪しき異教のことに他ならぬと決めてかかる」。このような聖書解釈の起源はユダヤ教のラビたちやカバラ著作家であって、彼らは「死者のうちに生者を求める」ようなものであり、この反対を試みようとするのがもう一つの逸脱した聖書解釈である。これは「一見公平で罪のないもののように見えるが、実際は聖書を辱め教会を損なうものである。これは一言で言えば、神の霊感を受けた書物を人間の書物のように解釈することである。しかし熟慮すべきは、書物の原作者としての神には、人間の精神の及ばぬかの二つのもの、心の秘密と将来とが知られていることである。聖書の言葉は心に至るものであり、またいかなる時の急変をも捉えるものである。……」(p. 128f.)。

このような文言に接すると、われわれはルターの逐語霊感説に引き戻されるが、ハーマンによるベーコン引用の意図もここにあったのかどうか。それはともかくとして、彼はロンドンから帰国後のケーニヒスベルクでの隠遁生活においてルターに沈潜していたばかりでなく、ちょうど『美学提要』執筆前後もまた、ルターやベンゲルを精読していた。[154] たとえば一年後(一七六二年)、ルターについて彼は牧師のトレショに次のように書き送っている。「検閲が教皇的パン種といかに密接に関連しているかを歴史は示しています。宗教改革の精神を維持し伝達することは、プロテスタントの牧師としてのあなたの義務です。われわれはルター派であること、それゆえ、ますますルターの作品から出発し、それを模倣する義務があることを忘却しています。この作品の中にのみ、彼の名と死後の名声の力は置かれうるのです」(礒江一四九)と。あるいは二年前(一七六〇年)には弟に宛ててシュヴァーベンのピエティスト、ベンゲルの『新約聖書に関する指針』を勉強していることを告げ、彼の例のテーゼ「汝のすべてをテクストへ当てはめよ。すべてのものを汝に当てはめよ」に注目しつつ、「キリスト者は、この書物の中で自分について書かれているのを認識すれば認識するほど、言葉の文字への熱意が高まる」ことを告白している。あるいはさらに同じ手紙のなかで、ベンゲルがこの書の序言にルターの注目すべき金言を引用していることを記した上で、これを引用しコメントしている。「〈神学は、精霊の言葉に従事する言語学〔文法〕にほかならない〉(Nil aliud esse Theologiam, nisi Grammaticam in Spritus sancti verbis occupatam)。

この説明は高貴であり、真なる神学の高度な概念のみにかなっている。聖書の書き方におけるパトス的なものと情熱は一つの対象であり、慣習的なものあるいは適応は他の対象である。この側面についての解釈者は少ない」（礒江二〇七以下）と。

8　ハーマンの解釈学——著者以上の著者理解

『美学提要』は実は論集『愛言者〔文献学者〕の十字軍行』のための一編として書き下ろされたものであった。[155] ハーマンは自分自身を「文献学者・愛言者 Philo-log」と規定していた。純真なキリスト者として聖書に対面する彼にしてみれば、当然の自己規定であろう。だが、彼は解釈学的に見て、どのような立場に立っていたのであろうか。ルターの逐語霊感説に共感を寄せていたことは間違いなかろうし、ベンゲル流の感情移入、同化の立場に親近感を抱いていたことも間違いない。当時流行していた解釈学的原則の一つは、「著者は自分の言葉の最善の解釈者である」（Der Autor ist der beste Ausleger seiner Worte）であったが、ミヒャエリスはこれを次のように定式化していた。**Qui eius auctor fuit, idem sit solus interpres.** だが、ハーマンはこの原則に従わなかった。彼によれば、これは神にのみ妥当する原則であって、人間に妥当する原則とは考えられなかったからである。[156] 彼の従う原則は別のものだった。それを彼はヤコービに打ち明けていた（一七八五年七月二十二日付書簡）。「自己を理解している作家は少ない。真の読者は自分の著者を理解しなければならないばかりか、著者を見通すことができなければならない」（礒江二一一以下）と。ここで彼は、かの著者以上の著者理解の原則に従うことを表明していた。

彼がこの表明の際、カントの発言を念頭に置いていたかどうか、それは確かめようがないが、著者以上の著者理解の原則が見出されるテクストとしては、カントの『純粋理性批判』(一七八一年)が最も古い(同書「超越論的弁証論」第一章第一節「理念一般について」)。拙訳により引用する。

「私はここで、高貴な哲学者がイデアという術語に結び付けた意味を決定するために、文献的研究にかかわりあおうとは思わない。私は次のように注意するに留める。著者が対象について述べる思想を比較して、著者が自分自身を理解したよりもかえってよりよく著者を理解するということ(ihn sogar besser zu verstehen, als er sich selbst verstand)は、普通の談話においても著作においてもけっして異常なことではない。なぜなら、著者は概念を十分に規定していないため、往々にして自身の意図に反して語り、考えさえするからである」。

ここに見出される著者以上の著者理解という解釈学的原則がカントに由来するものとはほとんど誰も考えていない。彼がおそらく文献学者の誰かから聞き及んだものであろうというのが大方の見方である。「解釈学の成立」について論じたディルタイは、この原則をシュライアーマッハー解釈学の要諦として引用している(一八〇〇年)[157]。

七　シュライアーマッハーの神学と解釈学

シュライアーマッハー(一七六八年生まれ)の一連の神学的著作が刊行され始めるのは、シェリングの学士論文刊行後しばし後の一七九〇年代終わり以降であり（『宗教論』一七九九年、『独白録』一八〇〇年）、これはちょうど時期的に、シェリングの活躍期（彼の初期の二つの体系が同時期に刊行されている『自然哲学体系第一草案』一七九九年、『超越論的観念論の体系』一八〇〇年）と文字どおり重なっていた。両者の思想的な重なりは特に、シュライアーマッハーがハレでシェリングの自然哲学を自然の発展史にまで拡張していたシュテフェンスと出会い、両者が互いに親交を深めつつ、思想的にも影響し合うという点に認められる。その成果が一八〇六年のシュテフェンスの『哲学的自然学の特性』であり、同年のシュライアーマッハーの『倫理学』ある。そこでは、倫理学の基礎をなすものとして、シェリング的シュテフェンス的自然哲学が記述される[158]。彼の哲学神学体系の最終形態は、その『神学通論』（一八一一年）に見出されるが、そこにもシェリングからの刺激が認められる。

シュライアーマッハーは、改革派牧師の子として、かつヘルンフート派の敬虔主義の教育を受けながら、啓蒙主義の影響によって信仰に対する懐疑を抱いたため、ハレ大学神学部に転校し、そこで特に古代哲学を学んでいる。その後彼は家庭教師そしてベルリン等で牧師を務めているうち、一方でシュレーゲル兄弟をはじめとするロマン派の面々と接触、他方で「心情」に基づく信仰に復帰、一八〇四年ハレ大学の神学教授となる。ところが、一八〇六年にハレ大学は閉鎖され再びベルリンへ、そうして彼もその設立に尽力したベルリン大学創立（一八一〇年）とともに、同大学の神学の正教授となる。彼の今日に遺る業績としては、その一つは「新プロテスタント神学」もしくは「自由主義神学」と呼ばれる新しい神学の樹立であり、いま一つは現代解釈学の立場からも一時代を画するものとして注目されている

「一般解釈学」を確立したことである。前者は、ルター派正統主義の保守性（その極がスコラ主義である）と啓蒙以来の理性主義の急進性（その極が無神論である）との対立を、「無限な自然全体」（神性）に対する有限な人間の受動性・感受性（「心情」）という宗教意識[159]に訴えて乗り越えようとしたものであり、後者は、古代ギリシア以来の長い歴史と伝統をもった個別的な解釈の技術としての古典文献学や聖書学のような「特殊解釈学」とは一線を画した解釈学を模索したものであった。

いま少し、後者のみについて見ておけば、その発端は、後年における彼の回想（「アカデミー講演」）によれば、ハレ大学で赴任直後から新約聖書に関する講義を行ったことにあった。その折彼が依拠した主たる文献が、当時優れたものとして定評のあったネオローグの一人エルネスティの『新約聖書解釈提要』（一七六一年）であった（本章第四節第2項参照）。だが、彼はこれに対して根本的な疑問を抱く。それは、『提要』の示す多くの指針や規則は確かに有用ではあるが、それらには「正しい根拠づけ」が欠けており、「そこには一般的原則がどこにも提示されていない」というものだった[160]。エルネスティの『提要』に欠けていると彼が断じ、その必要性を痛感した、その「一般的原則」を打ち立てたもの、それが「一般解釈学」にほかならない。彼は一方で、エルネスティの指針と規則に批判を加えながら、聖書解釈、とりわけ新約聖書解釈に取り組みつつ、他方でフリードリヒ・シュレーゲルの発案に従いプラトンの対話篇を独訳する。こうした努力のなかから、「文法的解釈」と「技術的心理的解釈」との「共存」としての「一般解釈学」が成立してくる。これは、書かれた文書のみならず、談話も含めて、およそ言語のもつ「個別的で一般的なもの」われわれがその言語使用において既成言語（一般）を引き継ぎつつ、それを変容する（個別）という二重性に根ざしつつ、「文法的解釈」によって著書もしくは談話の一般的性格を捉えるとともに、「技術的心理的解釈」によって著者もしくは話者の個性に迫ろうというものであった[161]。両者はそれぞれ単独であるのではなく、不即不離の関係にある。だからこそ、「共存Hineinandersein」なのである。シュライアーマッハー解釈学の画期的意義に注目して、論文「解釈学の成立」（一九〇〇年）を著したディルタイは、その要諦を、シュライアーマッハー自身の定式に従いつつ、次のように定式化している。「解釈学的方法の究極目標とは、著者が自ら理解したよりもよりよく著者を理解することである[162]」と。

むすびにかえて――シュライアーマッハー以後

以上、本章は、ルターの「九十五箇条の提題」から数えたとしても、三百年に及ぶドイツ近世における宗教思想、聖書解釈の歩みを（ただし、その粗筋のみを駆け足で）辿ってきたことになる。本章ではただ言及しただけに留まったが、時代ははやフランス革命という時代を画するところ、すなわち近代に突入している。学問の進展、科学の進展という点から見れば、時代はさらに実証主義に向かっていく。聖書学においては、これは、旧約学においてヨシュア記を加えたモーセ六書の資料批判が確定するという仕方で現れる。ヴェルハウゼンの『イスラエル史序説』（一八八三年）の出現である。もっともここでのヴェルハウゼンの立場がなお著者と著作との関係という近代的な著作モデルに依存しているとして、著作、文書となる以前の古代社会における口承伝承そのもののあり様にまで踏み込み、その語りの様式から文学類型を想定することによって、旧約聖書を理解しようとする動きさえ起こる（トレルチを代表とする宗教史学派のグンケルらによる様式史・伝承史研究[163]）。このような宗教史学派の歴史的聖書研究に反旗を翻し、啓示信仰すなわち神の語りかけとしての啓示に対する信仰に立ち帰ろうとしたのが、バルト神学であった[164]。彼独自の弁証法神学の宣言書となった『ロマ書講解』（一九一八年）の「序文」には次のように記されている。

「パウロは、その時代の子として、その時代の人たちに語りかけた。しかしこの事実よりもはるかに重要なもう一つ別の事実は、かれが神の国の預言者また使徒として、すべての時代のすべての人たちに語りかけていることである。……

聖書の歴史的批判的研究法は、それなりに正当である。むしろ聖書の理解のために、欠くことの出来ない準備段階を示している。だが、わたしがこの方法と、古めかしい霊感説とのどちらかを選ばなければならないとすれば、わたしは断然後者を取るだろう。霊感説ははるかに大きく、深く、重要な正当さをもっている。……

わたしがひたすら集中力を集中したのは、歴史的なものを透視して、永遠の精神である聖書の精神を洞察することであった[165]」。

ここでは、近世の歴史の経過のなかで営々と積み重ねられてきた正統主義の霊感説と啓蒙主義的な歴史的批判的聖書研究との対立、関係が驚くべき仕方で逆転されている。そうしてそのためか、その影響力はすこぶる大であった[166]。時代はすでに二十世紀に突入している。この世紀は、弁証法神学の登場以後、解放の神学や民衆神学等様々な神学が次々と登場してくる[167]。本章では、以上のような近現代に入る以前の宗教思想史と聖書解釈史とを概観、通観した。

■著者略歴
松山壽一（まつやま　じゅいち）

1948年　大阪生まれ
1981年　立命館大学大学院文学研究科博士課程修了
1985-86年　テュービンゲン大学（旧西ドイツ）留学
1993年　文学博士（法政大学）
1995年　バイエルン科学アカデミー（ドイツ）留学
2002-03年　カイザースラウテルン大学（ドイツ）客員教授
現　在　大阪学院大学教授，ドイツ博物館科学史研究所客員研究員

著　書
『生きることと哲学すること』（北樹出版，1990年，増補改訂版1997年），『ドイツ自然哲学と近代科学』（北樹出版，1992年，増補改訂版1997年），『ニュートンとカント』（晃洋書房，1997年），『若きカントの力学観』（北樹出版，2004年），『ニュートンからカントへ』（晃洋書房，2004年），『人間と自然』（萌書房，2004年）

共編著
『自然哲学とその射程』（晃洋書房，1993年），『ドイツ観念論と自然哲学』（創風社，1994年），『シェリング読本』（法政大学出版局，1994年），『現代世界と倫理』（晃洋書房，1996年，改訂版2002年），『シェリング自然哲学とその周辺』（梓出版社，2000年），*Natur, Kunst und Geschichte der Freiheit*, Frankfurt a. M. 2000,『シェリング自然哲学への誘い』（晃洋書房，2004年）

共訳書
J. シュペック編『大哲学者の根本問題［現代Ⅲ］』（富士書店，1984年），P. プラース『カントの自然科学論』（哲書房，1991年），H. バウムガルトナー編『シェリング哲学入門』（早稲田大学出版部，1997年）

現住所　〒536-0021 大阪市城東区諏訪2-13-33

叢書シェリング入門１
人間と悪――処女作『悪の起源論』を読む――

2004年12月15日　初版第１刷発行

著　者　松山壽一
発行者　白石徳浩
発行所　萌《きざす》書房
〒630-1242　奈良市大柳生町3619-1
TEL（0742）93-2234 / FAX 93-2235
[URL] http://www3.kcn.ne.jp/~kizasu-s
振替　00940-7-53629

印刷·製本　共同印刷工業・藤沢製本

ISBN4-86065-013-1

注

第一章

（1）『ライプニッツ著作集6』（佐々木能章訳，工作舎，1990年）から引用。以下同様。ただし，ここでの訳文，訳語は全集原文に照らし一部変更した。

（2）〈世界の名著〉続9『フィヒテ・シェリング』（中央公論社，1976年）所収の渡邊二郎訳より引用。以下同様。ただし，引用文中，一部わずかに訳語，言葉遣いを変更した。

（3） シェリング哲学を軸に18-19世紀の宗教，哲学，文学，美学の研究者たちによって組織されたのが，1992年発足の日本シェリング協会である。発足後直ちに学会誌『シェリング年報』（晃洋書房，1993年以降）が毎年刊行され，かつ折々に〈シェリング論集〉も出され，その他にも創立を記念した論集が出ている（西川富雄監修『シェリング読本』法政大学出版局，1994年）。シェリングのアクチュアリテイについては，当論集のための序論として書かれた拙論「シェリングのアクチュアリティ――自然・国家・神話」（前掲『シェリング読本』）pp. 20-33 参照。また，特に「自然哲学のアクチュアリティ」については，同じ題の拙論（日本哲学会編『哲学』No. 444（1994年4月）所収）および〈シェリング論集4〉松山壽一・加國尚志編『シェリング自然哲学への誘い』（晃洋書房，2004年）第2部所収の所論を参照されたい。

（4） 前掲『シェリング年報』No. 6（1998年）のグラビア解説「幼年シェリングと彼の生誕地レオンベルク」で，レオンベルクの都市の歴史を含め，彼誕生の頃のことについて筆者は解説している。参照されたい。

この論文については本書の姉妹篇，〈叢書シェリング入門〉第二弾『人間と自然』第1章第2節参照。またマルキオンについては本書第二章の注149参照。

（6） ベーベンハウゼンの歴史，またその修道院の歴史，幼少期のシェリング等についても，筆者のグラビア解説「幼少シェリングとベーベンハウゼン」（前掲『シェリング年報』No. 7，1999年）を参照されたい。

（7） 山口和子『未完の物語――シェリングの神話論をめぐって』（晃洋書房，1996年）p. 12 参照。

（8） シェリングの学士論文からの引用，参照は以下に掲げる新全集による（AA としたのは，Akademie Ausgabe（アカデミー版）の略で，ローマ数字は巻数，最初のページ数はラテン語のそれ，続くページ数は独訳のそれである）。引用は独訳からの拙訳だが，適宜ラテン語原文と照合した。目下な

お未邦訳。Friedrich Wilhelm Joseph Schelling, *Hsitorisch-Kritische Ausgabe*, Werke 1, Stuttgart 1976.

(9) W. G. ヤーコブスの編者報告（AA I, 52-53）参照。

(10) かつて筆者はこの語 philosophemata を「哲学説」と訳したが（「ヘルダリンとシェリング」拙著『科学・芸術・神話』（晃洋書房，1994年）p. 146）（＝増補改訂版2004年，p. 132），本文 pp. 9-10，33 に記した理由から訳語を「哲理」に変更する。なお，久保陽一「テュービンゲン・シュティフトにおけるシェリング」（前掲『シェリング読本』pp. 39-53）でもこの語は「哲理」と訳されている。久保論文は，シェリングの学士論文を本格的に論じたわが国最初の論文である。問題の訳語も含め，筆者は教えられるところが多かった。また，すでに参照した山口前掲書（注 7）pp. 13-16 の論述も同様に有益で教えられるところの多いものだが，これは，シェリングの学士論文の核心が創世記の歴史哲学的（カント）かつ神話論的（アイヒホルン）解釈にあると見なしている。筆者の以下の立論も基本的にはこれに同じである。なお，近年，若手の研究者による研究のなかからも『悪の起源論』への取り組みが現れ始めている。浅沼光樹「シェリング哲学の出発点――人間的理性の起源と歴史の構成」（京都大学『近世哲学研究』第 6 号（1999年）pp. 75-99），菅原潤『シェリング哲学の逆接――神話と自由の間で』（北樹出版，2001年）pp. 49-54。また他に諸岡道比古著『人間における悪――カントとシェリングをめぐって』（東北大学出版会，2001年）第三章が『悪の起源論』に関する考察に当てられている。

(11) 以下創世記からの引用は，関根正男訳『旧約聖書創世記』（岩波文庫，1956年）による。これはヘブライ語原典（キッテル編）からの翻訳である。

(12) この問題については，「近代科学と自然支配の理念」の関連の問題として，前掲拙著『科学・芸術・神話』pp. 19-25（＝増補改訂版 pp. 61-67）で詳論した。

(13) 木田献一・高橋敬基『聖書解釈の歴史――宗教改革から現代まで』（日本基督教団出版局，1999年）p. 65 参照。この箇所で，この相違に最初に気づいたのがヘルムシュテットの牧師ヴィターだと指摘されているが，これは一説にすぎない。他にもそれに気づいているものがいた。

(14) 同書 pp. 77-78 および前掲『創世記』所収の関根正男解説のうち pp. 253-255 参照。今日的な研究状況の紹介をも含め詳しくは，関根正男『古代イスラエルの思想家』（講談社，1982年）pp. 219-259 参照。また，今日の伝承史的研究の代表作の一つも翻訳されている。M. ノート（山我哲雄訳）『モーセ五書伝承史』（日本基督教団出版局，1986年）。

(15) 拙著『生きることと哲学すること』（北樹出版，1990年，増補改訂版1997年）pp. 214-215 参照。

(16) Vgl. Geschichte des Septuaginta-Textes, in : SEPTUAGINTA, hrsg. von A. Rahlfs, Deutsche Bibelgesellschaft Stuttgart 1935, S. XLI. ff.

(17) Vgl. Vorwort zur BIBLIA SACRA IUXTA VULGATAM VERSIONEM, hrsg. von H. F. D. Sparks, W. Thiiele, Ed. Tertis, Tom. I, Deutsche Bibelgesellschaft Stuttgart 1933, S. X.ff.

(18) B. C. 250 年にモーセ五書がギリシア語に翻訳されている。手塚儀一郎「旧約聖書の翻訳」（竹森満佐一・船木衛司編『聖書講座』第 1 巻『旧約聖書 II』（日本基督教団出版局，1966年）所収）p. 147。

(19) 山本七平『聖書の常識 聖書の真実』（講談社，1999年）pp. 49-50，56-57 参照。

(20) Vgl. G. L. Plitt, *Aus Schellings Leben. In Briefen*, Leipzig 1869, Bd. 1, S. 11ff., 15ff. これが，この時期のシェリングを知る基本資料である。すでに注 7 に挙げた山口前掲書 p. 12 も，この資料に依拠している。なお，テュービンゲンについては，筆者の前掲『シェリング年報』（No. 8, 2000年）グラビア解説「少年シェリングとテュービンゲン」を参照。

(21) ルター派正統主義およびそれに対抗して登場する敬虔主義と啓蒙主義，そうしてそれらを土壌として生まれてくるネオロギーという，近世ドイツにおける宗教思想と聖書解釈の歩みについては，本書第二章第四節参照。

(22) 久保論文（前掲『シェリング読本』）pp. 41-42。当論文の指摘にもあるように，このテーマに関連する基本文献は，ロイベ，ヘンリッヒ，ヤーコプスなどの研究である。同 p. 52 の注 5 参照。

(23) W. G. Jacobs, *Gottesbegriff und Geschichtsphilosophie in der Sicht Schellings*, Stuttgart 1993, S. 44ff. 山口前掲書 pp. 16, 68 参照。

(24) W. G. Jscobs, a. a. O., p. 44. 山口前掲書 p. 17 参照。

(25) W. G. ヤーコプス（伊坂青司・田村恭一訳）「悪の起源から自由の本質へ」『シェリング年報』創刊号（晃洋書房，1993年）p. 113 参照。

(26) 新全集第 1 巻の編者報告（AA I, 53）参照。

(27) W. G. Jacobs, a. a. O., S. 44f. 山口前掲書 p. 11 参照。

(28) Plitt, a. a. O., pp. 28, 14. 久保論文 p .46 参照。

(29) 関根正男の註記（前掲書 pp. 190-191）により，「ケルビム」について説明しておけば，それは半人半獣の怪物で，詩編（18，10）では暴風の雲を象徴する。「ケルビム」とともに登場する「自転する剣の炎」は稲妻を意味するから，エデンの園，パラダイスは「神の山」にあり，雲と稲妻とがこれを平

地から隔て，守護する，ということになる。

創世記第3章最終節（24節）「神は人を追い払い，エデンの園の東にケルビムと自転する剣の炎とをおき，生命の樹への道を看守らせることになった」（関根訳，p. 18）。

(30) ユダヤ教の分類では諸書のグループに入るもので，知恵書の一つ。義人ヨブの苦難を通して，義人が救われることの困難さ，また神と人間との決定的相違を，物語的に明らかにする。前掲拙著『生きることと哲学すること』pp. 90-92を参照されたい。

(31) 大林太良他編『世界神話事典』（角川書店，1994年）pp. 37-42参照。

(32) 木田・高橋前掲書 p. 64。

(33) 久保論文（前掲『シェリング読本』）p. 46においても，このことが指摘されている。

(34) K. ケレーニー／C. G. ユング（杉浦忠夫訳）『神話学入門』（晶文社，1975年）p. 17。ケレーニーは，「神話素」を，「太古より伝承された一種の素材」とし，それを固定的静的ではなく，動的であると特徴づけている。したがって，ケレーニーにあっては，「神話というのはこのような題材の運動」ということになる。

(35) 筆者は，両叙事詩およびローマの教訓詩ルクレティウスの『自然論』とを自然哲学の源流として読む試みを行ったことがある。拙著『科学・芸術・神話』pp. 64-85（＝増補改訂版 pp. 31-52）。

(36) 以下における参照，引用は廣川洋一訳『神統記』（岩波文庫，1984年）から行う。v. は vers（行）の略である。なお，ヘシオドスの叙事詩に登場する神々については，松本仁助「ヘシオドスの神々」（大阪学院大学『国際学論集』第9巻第2号，1998年所収）参照。プロメーテウスについては pp. 35-36. パンドーラについては pp. 36-38。

(37) 藤沢令夫『世界観と哲学の基本問題』岩波書店，1993，pp. 142-148，前掲拙著『科学・芸術・神話』pp. 1-4（＝増補改訂版 pp. 1-4）参照。

(38) 聖書における女性問題を扱った書物は数多く出版されている。そのなかにはむろんフェミニズムの立場から聖書解釈を試みた労作も含まれている。絹川文子『女性の視点で聖書を読む』（日本基督教団出版局，1995年）p. 34によれば，その先駆的試みは F. トリブル女史の論文「聖書解釈における非父権性化」（1793年）だそうである。女史の著書がすでに二冊も邦訳されており，その一つ（河野信子訳）『神と人間性の修辞学――フェミニズムと聖書解釈』（ヨルダン社，1999年）の pp. 110-208（第4章「つまづ《ママ》いたラヴ・ストーリー」）では，創世記2・3章が修辞批評学的に錦密に読み解かれ，注

目すべきことに，その結果はことごとく通説——男尊女卑的な創世記解釈を含め——を覆すものである。当読解冒頭の著者自身の弁は次のとおり。「創世記二・三章の文学的研究は，伝統的な視点が夢にも考えなかったような洞察を提供することになるであろう」（同訳書 p. 113）。

(39)　この点，前掲拙著『生きることと哲学すること』pp. 50-58 で詳論した。

(40)　たとえば，氷見潔『カント哲学とキリスト教』（近代文藝社，1996年）p. 82 参照。

(41)　出典については，AA I, 174C 参照。

(42)　以後，カントからの引用はアカデミー版（*Kant's ggesammelte Schriften*, hrsg. von der königlich Preußischen Akademie der Wissenschaften, Berlin 1901ff.）に基づく拙訳による。ローマ数字が巻数，アラビア数字がページ数。なお邦訳（岩波書店より新しい『カント全集』として刊行中）についても併記する。たとえば⑭は第14巻。

(43)　坂部恵『ヨーロッパ精神史入門』（岩波書店，1997年）pp. 104-105 は，ライプニッツの個体概念を，盛期スコラのドゥンス・スコトゥスの個体把握と関連づけ，それが「きわめて高い『個』の自覚」の達成であったことを強調している。ライプニッツ，シェリング関係問題を考えるうえで見逃せない重要な指摘である。なお，筆者はこれまで繰り返し，両者の関係の深さを自然哲学の領域で強調してきた。拙著『ドイツ自然哲学と近代科学』（北樹出版，1992），特に pp. 184-187, 264-269。拙論 Mechanisch versus Dynamisch. Zur Bedeutung des dynamischen Naturverständnisses und zum Vergleich der Materiekonstruktion bei Kant und Schelling, in; J. Matsuyama u. H. J. Sandkühler (Hg.), *Natur, Kunst und Geschichte der Freiheit*, Frankfurt a. M. 2000, S. 41-69, bes. S. 65-68.

(44)　この点，本書の姉妹篇『人間と自然』（萌書房，2004年）第１章第２節⑧『最近の哲学文献概観』解説参照。

(45)　この論文は他の三つの論文とともに，一書にまとめられて，1993年のイースターにイェーナで出版される。1788年の「ヴェルナーの宗教勅令」以来，厳しくなった啓蒙主義的活動への締めつけという環境のなかで，紆余曲折の末。北岡武司解説「たんなる理性の限界内の宗教」『カント全集』第10巻，pp. 420-426。また，本書第二章第五節「啓蒙主義」参照。

(46)　この点に関して，氷見前掲書第２章「根源悪と原罪」（特に pp. 72-80）は優れた考察，鋭い指摘を行っている。

(47)　悪の起源の問題をめぐるカント（『実践理性批判』や『宗教論』）とシェリング（『自由論』）の見解の相違，後者による前者の深化，徹底化について次

の論考が的確かつ綿密に論じている。後藤正英「カントとシェリング——『自由論』における悪の原因の探求について』(『シェリング年報』No. 8, 2000年，pp. 88-97)。

(48) ヘルダーの『人類史哲学考』(第1部) とそれに対するカントの批判については，前掲拙著『ドイツ自然哲学と近代科学』pp. 138-140 を参照されたい。なお，新しい『カント全集』第14巻にもヘルダー論評と憶測的始原の新訳とそれらに対する解説が収められており (福田喜一郎，望月俊孝)，解説でも当然，ヘルダー，カント問題について説明がなされている。

(49) 前掲拙著 pp. 265-268. ここでは，ライプニッツのモナド論とシェリングの自然哲学との関連と，後者の現代的意義が論じられている。

(50) この点，拙論「スピノチストとしてのシェリング——シェリングのスピノザ受容」(『人文自然論叢』Nos. 34・35, 1996. 12) pp. 9ff. 特に pp. 15-18「II. 正統と異端——シェリングのスピノチスト宣言」参照。

(51) 前掲『カント全集』第14巻 pp. 101-102 および pp. 337-338 注15参照。

(52) たとえば，加藤尚武・松山壽一編『現代世界と倫理』(晃洋書房，1996年，改訂版2002年) 参照。

(53) 田村公江「環境と倫理」(前掲『現代世界と倫理』) pp. 113-145 参照。

(54) 拙論「科学と倫理」(同上) pp. 14-15 参照。

(55) ラテン語の原語 spontaneitas を独訳者はここで Willkür (恣意・選択意志) と訳している。訳者は全体として，思い思いにラテン語の原語 spontaneitas を，Spontaneität と訳したり，Willkür と訳したりしている。18世紀の思想の流れ—— spontanaitas は宇宙論で語られ，arbitrium は心理学で語られた——から見ても，カントが超越論的自由と実践的自由とを区別したことから見ても，両者は区別すべきであろう。筆者はラテン語原文に従い，「恣意・選択意志」と訳さずに，「自発性」と訳した。なお両語の概念史とカントの自由概念との関連については，K. Kawamura, *Spntaneität und Willkür. Der Freiheitbegriff in Kants Antinomie und seine hisorischen Wurzeln*, Suttgart 1996, bes. S. 177-178.

(56) 日本シェリング協会に集う有志によって，折々に論集が刊行されていることについてはすでに触れた (注3)。論集1は高山守・藤田正勝編『シェリングとヘーゲル』(晃洋書房，1995年)。論集2は伊坂青司・森淑仁編『シェリングとロマン主義』(同，1997年) そして，論集3が自由論に関するもので，渡邊二郎・山口和子編『モデルネの翳り——シェリング『自由論』の現在』(同，1999年) である。また最近出版された論集4が注3に挙げた『シェリング自然哲学への誘い』である。

(57)　筆者の『シェリング年報』用グラビア解説も毎年続き，順次 No. 9（2001年）イェーナ，No. 10（2002年）はヴュルツブルク，No. 11（2003年）ミュンヘン，No. 12（2004年）ベルリンで，来年の次号 No. 13 のバート・ラーガツ（没地）で完結予定である。

第二章

（1）　この時期の宗教思想史としては，たとえば，E. ヒルシュの大作『近代プロテスタント神学史』全5巻（1949-1954年）がある（未邦訳）。これは1648年（30年戦争終結の年）からヘーゲルとシュライアーマッハーおよびキルケゴールまでを扱ったスタンダードである。ここではこの指摘に留める。入門書としての本書では，注としてできるかぎり邦語文献および翻訳のある研究，解説を挙げることを心掛ける。

（2）　以下の二つの拙著参照。『科学・芸術・神話』（晃洋書房，1994年）pp. 19-25（＝増補改訂版2004年，pp. 61-67），『ニュートンとカント』（晃洋書房，1994年）pp. 94-100。たとえば，「近代科学」を集大成したとされるニュートンにとって自然研究は創造者に対するわれわれ人間の義務を理解するためのものにほかならなかった。

（3）　この点については，拙稿「ニュートンにおける実証と思弁」加藤尚武・松山壽一篇『科学技術のゆくえ』（ミネルヴァ書房，1999年）pp. 80, 96-97 参照。拙論におけるこの見解は，加藤尚武『価値観と科学／技術』（岩波書店，2001年）pp. 25-29 においても肯定的に取り上げられ，紹介されている。

（4）　邦語では「人文主義」と訳される（あるいはフランス語式に「ユマニスム」と表記されることの多い）「フマニスムス Humanismus」という語は「ドイツの教育学者ニートハンマーによってつくり出された」。この語の意味するところは当時（19世紀初頭）「高等教育においてより実用的・科学的な訓練がますます強く要求されてきたことに対抗して，ギリシャ・ラテンの古典を強調する」ものであった（P. O. クリステラー，渡辺守道訳『ルネサンスの思想』東京大学出版会，1977年，p. 10）。「人文主義」に関する最も明快な説明は，いま引用した書の著者クリステラーの見解を要約した A. E. マクグラス（高柳俊一訳）『宗教改革の思想』（教文館，2000年）pp. 66-70 である。マクグラスはこの書において，「人文主義」を単に古典研究とのみ規定するだけでは不十分で，それが「雄弁」を磨くという目的のための手段だという点が顧慮されなければならない点を強調している。「雄弁を多様な形で推進することに主に関心をもった文化的，教育的運動」——これが人文主義に関する彼の定義である。

マクグラスの書は痒いところに手が届くと言ってよいほどに行き届いた記述を満載した好著なのだが，「雄弁」については残念なことにコメントがないので，他の書から，この点を補っておこう。「この理想〔教育に関する修辞学的な理想〕は，教育を知性と道徳性の観点から各個人の人格形成をめざすものとしてとらえていた。その目的は，過去の経験を熟知し，歴史の中でなされた偉業と悲劇，それに過去から受け継がれてきた哲学と文学の知識をつちかい，自らの才能を，社会全体の善のためにささげることができるような徳のある人間をつくりあげることであった。これは，学識のある雄弁家doctorator……の理想である」（J. マッコニカ，高柳俊一・河口英治訳『エラスムス』教文館，1994年，p. 33）。

わが国においても長らくこうした教養が理想とされ尊重されてきたが，昨今はこうした良き伝統がかなぐり捨てられている。若年層の犯罪に象徴される現代日本における規範の弛緩も，その大元は，社会生活，教育の現場での教養の放棄，「徳のある人間」の抹殺にあるのではなかろうか。

（5） 通常，近世とは区別した意味での近代という時代は，社会経済史的には産業革命による資本主義的工業社会の出現（イギリスでは18世紀末，フランスでは19世紀）以降を，政治史的にはフランス革命による市民社会の出現（18世紀末）以降を指すが，思想史においてはおおよそ18世紀の啓蒙主義以降を指すことが多い。宗教思想，とりわけプロテスタンティズムに関しては，トレルチの区別——宗教改革期の「古プロテスタンティズム」に対する啓蒙主義の18世紀から19世紀の「新プロテスタンティズム」との区別が著名である。堀孝彦訳「近代世界の成立にたいするプロテスタンティズムの意義」『トレルチ著作集 8』（ヨルダン社，1984年）p. 40 以下および河島幸夫訳「近代プロテスタンティズム（十八・十九世紀）」『同著作集 9』（1985年）。

（6） イギリスの歴史家 A. G. ディキンズは，ヨーロッパの近世を「ルネサンス」という語ではなく，「ユマニスム〔人文主義〕」という語に基づいて捉えるべきことを提唱している。橋本八男訳『ヨーロッパ近世史——ユマニスムと宗教改革の時代』（芸立出版，1979年）pp. 7-8 参照。また，「ユマニスム」および「ルネサンス」の語義について，S. ドレスデン（高田勇訳）『ルネサンス精神史』（平凡社，1983年）p. 228 以下をも参照。

（7） 興味深いことには，坂部前掲書（第一章注43）『ヨーロッパ精神史入門』では，近現代のヨーロッパ精神史が「カロリング・ルネサンスの残光」（同書のサブタイトル）として描き出されている。

（8） C. H. ハスキンズ（別宮貞徳・朝倉文市訳）『十二世紀ルネサンス』（みすず書房，1989年）pp. 1-8 参照。今日，「12世紀ルネサンス」という語が用い

られるに至ったのは，この書の出現（原著，1927年）による。J. ルゴフ（柏木英彦・三上朝造訳）『中世の知識人』（岩波新書，1977年）pp. 7-87 は，西欧における知識人の誕生を12世紀における都市の復興と結びつけ，「革新の12世紀」を活写しているし，1976年（ルゴフ翻訳の1年前，ハスキンズ翻訳の13年前）すでに「革新の12世紀」に関するわが国の大部な論集（堀米庸三編『西欧精神の探求』日本放送出版協会）も刊行されている。

（9） H. リーベシュッツ（柴田平三郎訳）『ソールズベリのジョン』（平凡社，1994年）p. 126。後年，「近代科学」の大成者ニュートンも同様の思いを抱いていた。この点で，彼も「ルネサンスの申し子」にほかならなかった。前掲拙著『ニュートンとカント』pp. 96-97。

（10） リーベシュッツ前掲書 p. 127。

（11） ハスキンズ前掲書 pp. 78-79。

（12） 井筒俊彦『アラビア思想史』（博文館，1941年）がいまなお名著だし，伊東俊太郎『近代科学の源流』（中央公論社，1978年）は，当時のアラビア科学がいかに西欧の近代科学形成に大きな役割を果たしたかを緻密に跡付けている。

（13） ディキンズ前掲書 p. 36 および樺山紘一〈世界の歴史〉16『ルネサンスと地中海』（中央公論社，1996年）pp. 130-138，146-147 参照。

（14） フィレンツェのアカデメイアまたそのプラトン主義およびフィチーノについては，P. O. クリステラー（佐藤三夫監訳）『イタリア・ルネサンスの哲学者』（みすず書房，1993年）pp. 57-79 および清水純一『ルネサンス・人間と思想』（平凡社，1994年）pp. 72-96 参照。後者はプラトンアカデミー成立の前史をも丹念に辿っている。

（15） クリステラー前掲書 p. 62。

（16） クリステラー前掲書『ルネサンスの思想』p. 72 参照。

（17） 注4では，人文主義について，ドイツ語の由来を中心にその意味を記した。ここでは，イタリア語の由来から，その意味するところを見ておきたい。フランス語式に「ユマニスト」としばしば表記される，この語は，「大学で studia humanitatis〔古典文学・学芸〕を講義する教授を指す学生語として〔の〕ウマニスタ」に由来する。ディキンズ前掲書 p. 8。この書の訳者は studia humanitatis を「人間主義者たちの学問」と訳すことで，自ら手がけた訳書の原著者の趣旨を台なしにしている。この点でもクリステラー（前掲書 p. 11）の指摘が明快である。「大学では以前からある学科の教授たちが数世紀にもわたって法律家 legista，司法家 jurista，教会法家 canonista，芸術家 artista と呼ばれてきたのに慣い，古典文学の教授をウマニスタ umanista

と呼ぶようになった。ルネサンスの最盛期につくり出されたフマニスタhumanistaという言葉は，もっと古い表現，すなわち『古典文学』humanites，またフマニタス研究studia humanitatisにもとづいている」。なお，ヴァラについては，同じ著者クリステラーの前掲書『イタリア・ルネサンスの哲学者』pp. 38-54参照。

(18) ウルガータとヒエロニムスについては詳しくは田川建三『書物としての新約聖書』（勁草書房，1997年）pp. 515-518参照。

(19) まずカバラ（カバラー）について解説するために，手島の語義注釈を引用すれば，「カバラーとは，『受け取る』という語根（q-b -l）から派生した名詞，つまり『伝承』という意味のヘブライ語である」（手島勲矢「カバラー，メルカバー・ヘイロハット文学とグノーシス主義——ゲルショム・ショーレムとユダヤ神秘主義の『起源』問題」大貫隆他編『グノーシス——陰の精神史』岩波書店，2001年，p. 148）。手島はその後，われわれ待望の『わかるユダヤ学』（日本実業出版社，2002年）を編集上梓している。そのなかの「『カバラー』の神秘主義とは？」の項目（同書pp. 130-131）から，さらにその要点を引用する。「ユダヤ神秘主義は……12世紀後半，ドイツや南仏，スペイン北部などに，ほぼ同時期に出現した」。「中世神秘思想のなかで決定的に重要なのは，南仏プロヴァンスに出現した『カバラー』（伝承）だ。カバラーは1492年のスペイン追放ののち，爆発的に全ユダヤ世界に波及した」。「過去の神秘思想にないカバラーの特徴は，『慈悲』『知恵』などの神の属性を表す10の『スフィロット』（数）である」。カバラー文献である『バヒール』（12世紀）や『ゾハール』（13世紀）も，また「16世紀の大神秘家イツーク・ルーリアも，この図式に従っている」。「彼によると，無限の創造者は世界をつくるため，まず収縮する。こうして生まれた有限な空間が創造のエネルギーの受け皿となるが，支えきれず破損するために悪が生まれる」。興味深いことに，この神の収縮というユダヤ神秘思想を受容しつつ，シェリングは彼の歴史哲学の草稿（『世界時代』）を綴っている。この点についてJ.ハーバーマスが周到に論じている（細谷貞夫訳『理論と実践』未来社，1975年，pp. 159-246）。

ともあれ，目下の関連から言えば，「カバラ」を，ピコ・デラ・ミランドラやロイヒリンは，「人類最古にして最高の神秘的知識を守り伝えるもの，と宣言し崇拝した」のである（G.ショーレム，徳永恂他訳『錬金術とカバラ』作品社，2001年，p. 21）。ピコはフィレンツェのプラトンアカデミーにおけるフィチーノの後継者であったが，カバラのキリスト教への最初の仲介者でもあった。ロイヒリンはこのピコに1490年，フィレンツェで出会ったの

であり，「この出会いが彼にとっては決定的なものとなったのである」（同書 p. 9）。

(20) この点詳しくは，マッコニカ前掲書 pp. 86-97 参照。

(21) 同書 p. 69。

(22) 同書 pp. 97-98 参照。後に述べるように，中世カトリシズムにおいては，七つの秘蹟が教会の重要な典礼，儀式とされていた。そのなかの一つ，「婚姻の秘蹟」にかかわる箇所（エフェソ 5・31-32）で，ウルガータでは，「秘蹟 Sacramentum」と訳されていたものが，ギリシア語原文では単に「神秘」にすぎない，という点や，同じく他の一つ，「悔悛の秘蹟」にかかわる箇所（マタイ 4・17）で。ウルガータでは，「償いせよ，天の国が近づいているから」と訳されている点などをエラスムスは指摘している（マクグラス前掲書 pp. 82-83）。ただし，エラスムスが『校訂版新約聖書』およびそれに注釈を付して刊行した真の目的は，ウルガータ版の本格的校訂版を出すことにあった。彼自身はヒエロニムスの著述を熱心に研究し，ヒエロニムスに対して強い尊敬の念を抱いていた（マッコニカ前掲書 pp. 77-87，99）。

(23) 1519年のチェコ語翻訳を皮切りに，1783年のロシア語訳をも含めると，この間に総計11ものヨーロッパの各言語に翻訳されたことも，特筆しておくべきであろう。マッコニカ前掲書 p. 113。また，デューラーの銅版画の三大傑作，《騎士と死と悪魔》《屋内の聖ヒエロニムス》《メレンコリアⅠ》のうち，最初の作に刻まれている騎士像が，一説では，『提要』の著者エラスムスを象徴的に表現したものとされることもある。国立西洋美術館監修『デューラーとドイツ・ルネッサンス』（同展図録，日本経済新聞社，1972年）図版144説明を参照。

(24) マクグラス前掲書 pp. 70，78-80 参照。

(25) 以上，W. L. コーイマン（岸千年訳）『ルターと聖書』（聖文舎，1971年）pp. 102，106-108，254-256 参照。メランヒトンの協力を仰いだ新約聖書第一版出版（3000部）と同じ年（1522年）に改訂版を出して以後も，ルターは何度も改訂版を出しており（1526，27，30年），1531年の改訂版にあっては再びメランヒトン等の協力のもとで刊行されている。この点も含め，ルター訳について田川前掲書 pp. 518-521参照。

(26) マクグラス前掲書 pp. 33-37 参照。また「ニュールンベルクの画家アルブレヒト・デューラーがこれを読んで感激し，未知の筆者〔ルター〕に自作の版画数点を贈ったのは有名な話である」。成瀬治『ルターと宗教改革』（誠文堂新光社，1980年）p. 155。なお，ルターとデューラーについては宮田光雄『宗教改革の精神』（創文社，1981年）pp. 165-194参照。

(27)　マクグラス前掲書 p. 214。

(28)　成瀬前掲書 pp. 143-144 参照。

(29)　詳しくは宮田前掲書 pp. 5-18および成瀬治『伝統と啓蒙——近世ドイツの思想と宗教』(法政大学出版局，1988年) pp. 4-13 参照。

(30)　徳善義和編〈世界の思想家〉5『ルター』(平凡社，1976年) pp. 75-77, 81。なお，成瀬前掲書 pp. 13-14 参照。

(31)　〈世界の名著〉18『ルター』(中央公論社，1969年) 所収の松田智雄「ルターの思想と生涯」および巻末の年譜参照。なお，以下，ルターからの引用はこの書より頁数のみを指示して行う。

(32)　「神の言葉」のみに従うべきだという聖書主義は，「人文主義」の成果を受けた形でヘブライ語原典（旧約）とギリシア語原典（新約）に従うべきだという原典主義を含んでいる。セプトゥアギンタ（旧約ギリシア語訳）やウルガータ（旧新約ラテン語訳）には，原典になかったもの（旧約外典）まで収められていたのである。マクグラス前掲書 p. 194 参照。なおセプトゥアギンタ（七十人訳）についてはたとえば田川前掲書 pp. 37-38参照。

(33)　E. トレルチは「近代個人主義の基礎」がルネサンスにあるのではなく，「人間を完成された人格にするキリスト教的理念そのものにある」ことを強調している。前掲「近代世界の成立に対するプロテスタンティズムの意義」『著作集 8』p. 34。だが，個の自覚が近代に始まるとするのは偏向した考えだとして，個の概念の誕生，成立をローマ末期，ビザンツ初期のカルケドン公会議（451年）を中心とする教義論争（三位一体とりわけキリストの位格（ペルソナ）の問題をめぐる論争）に求めるという主張（坂口ふみ『〈個〉の誕生——キリスト教教理をつくった人々』岩波書店，1996年）が近年注目を集めたことがある。もっとも，この主張もキリスト教的理念にかかわっている。この主張によれば，これが，通常，哲学史で取り上げられるアウグスチヌスやデカルトの内省における個の自覚の先駆にほかならないとされる。なお，ルターに関してはたとえば，上田閑照『私とは何か』(岩波新書，2001年) p. 60 以下に深い洞察が見出せる。阿部謹也が『物語ドイツの歴史』(中公新書，1998年) pp. 45-63 特に pp. 47-51 で，「個人のあり方の原点」として贖罪規定書（1215年）に注目している点も興味深い。

　プロテスタンティズムを特徴づけるもう一つの重要な契機が「天職」「召命」とも訳されるベルーフ（Beruf）概念，すなわち職業召命観である。

(34)　徳善前掲書『ルター』pp. 205-207, 213-214。ルターの国家観をどう評価するかは意見の分かれるところである。この点，たとえば成瀬前掲書 pp. 15-25 参照。

(35)　P.ブリックレ（田中真造・増本浩子訳）『ドイツの宗教改革』（教文館，1991年）pp. 256ff., 特に pp. 268-269 参照。

(36)　〈シャトレ哲学史〉Ⅲ（竹内良知監訳『近代の哲学』白水社，1976年）の叙述が「トーマス・ミュンツァー」から始められているのが一際目を引く。本文で引用したのは，その執筆者M.ショーブの言葉（同書 p. 37）。「プラーハ・マニュフェスト」はじめミュンツァーの諸々の文書また「シュヴァーペン農民の十二箇条」等は『宗教改革著作集』第7巻（教文館，1985年）に収められている。田川建三は当「十二箇条」中特に十分の一税に関する第二条（「これは神に対してささげられるべきもの，また，神の者たちに対して分け与えられるべきものである」）に注目し，そこから町村共同体における相互扶助の思想（「すべての人がすべての人のために生きる社会をつくろう」）を引き出している。『キリスト教への招待』（勁草書房，2004年）pp. 158-164 参照。

(37)　詳しくは，ブリックレ前掲書 p. 182 以下参照。

(38)　詳しくは，同書 p. 281 以下参照。

(39)　J.ドローズ（橡川一郎訳）『ドイツ史』〈文庫クセジュ〉59（白水社，1952年）p. 9。

(40)　同上。

(41)　木田献一・高橋敬基『聖書解釈の歴史——宗教改革から現代まで』（日本基督教団出版局，1999年）pp. 40-43 参照。

(42)　成瀬前掲書 pp. 26-27 参照。

(43)　隣国での革命（フランス革命）勃発からほぼ10年を経た18世紀末から19世紀初頭においてもなお，たとえばヘーゲルは「ドイツはもはや国家ではない」と嘆き，「新たに選ばれた皇帝が戴冠式にさいして今日でもなおカール大帝の王冠，王笏，リンゴさらには靴や上着やその他の所謂宝石をさえ身につけているのを見ると，大帝以来千年もの歳月が流れているのに，国憲はなんの変化も蒙らなかったかのように見える」と記さざるをえなかった（未発表の草稿「ドイツ憲法論」金子武蔵訳『ヘーゲル政治論文集(上)』岩波文庫，1967年，pp. 49，127）。

(44)　たとえば，ドローズ前掲書 p. 13。

(45)　たとえば，長谷川輝夫・大久保桂子・土肥恒之〈世界の歴史〉17『ヨーロッパ近世の開花』（中央公論社，1997年）pp. 192-206 が明快な記述を提供している。

(46)　阿部前掲書 pp. 144-156 参照。

(47)　成瀬前掲書 pp. 47-49 参照。なお，M.シュミット（小林謙一訳）『ドイツ

敬虔主義』（教文館，1992年）pp. 23-64 が，敬虔主義の創始者とされるシュペーナーに関する考察に入るまでに，その前史を30年戦争下のそれをも含めて記述している。

(48) シュミット（前掲書 p. 18）が敬虔主義の内面性を「神秘主義的スピリチュアリズム」に見，それを「ルターの信仰義認論との異質性において理解する点」に対して，金子晴勇は新著（『ルターとドイツ神秘主義』創文社，2000年，pp. 448-449）で，これを「短所」として批判して，シュペーナーの課題が「義認信仰をキリスト教的な敬虔から追放すること」にあったのではなかったこと，また敬虔主義が「義認信仰から出て神学と教会とを刷新する運動」であったというヒルシュ（注1に掲げた未邦訳の書『近世プロテスタント神学史』の Bd. Ⅱ，S. 140）の指摘を引用している。妥当な処理である。

(49) 成瀬前掲書 p. 52。

(50) 同書 p. 51。

(51) シュミット前掲書 pp. 93-94，100 参照。

(52) フランケは『フランケの回心の始まりと継続』（1692年）という自伝を遺している。この点，伊藤利男『敬虔主義と自己証明の文学』（人文書院，1994年）pp. 198-217 参照。

(53) 孤児院創設の次第を，シュミット前掲書 pp. 114-120 は丹念に追っている。孤児院はまた敬虔主義の「確固とした拠点」ともなった。同書 pp. 129-130。

(54) 成瀬前掲書 p. 53。

(55) シュミット前掲書 p. 138。

(56) 金子晴勇前掲書 pp. 461-462 参照。

(57) シュミット前掲書 p. 141 および金子晴勇前掲書 p. 462 参照。

(58) シュミット前掲書 pp. 146-148。

(59) 同書 pp. 159-166 および金子晴勇前掲書 pp. 463-464 参照。

(60) シュミット前掲書 p. 183。

(61) 同書 p. 184 参照。

(62) 金子晴勇前掲書 pp. 466-467。

(63) シュミット前掲書 p. 172。

(64) 同書 p. 185。

(65) 同書 pp. 189-190 参照。

(66) 同書 p. 189。なお，このラテン語のモットーの邦訳は変更した。興味深いことに，ベンゲルの『新約聖書への指針』を読んだハーマンもこのモットーに賛同している（1760年）。この点，後述（第六節）。

(67) 同書 p. 190。

(68) 中井章子編『キリスト教神秘主義著作集16』(教文館，1993年) p. 232 参照。

(69) 同書 pp. 249-250。エーティンガーは学生時代，熱心なヴォルフ哲学の信奉者であった指導教授ビルフィンガーからそれを叩き込まれ，それに一時期熱中したが，ヤーコプ・ベーメの著作との出会いによって，「神聖哲学 philosophia sacra」が彼の目標となった。シュミット前掲書 p. 196。

(70) シュミット前掲書 p. 186。

(71) 同書 p. 194。

(72) 聖書の歴史的解釈の先駆的試みは，スピノザの『神学政治論』(1670年) である。この点，たとえばカッシーラー前掲書 pp. 226-229 参照。

(73) 麻生前掲書 p. 59 参照。

(74) 磯江景孜『ハーマンの理性批判——十八世紀ドイツ哲学の転換』(世界思想社，1999年) pp. 192-193。

(75) 麻生建『解釈学』(世界書院，1985年) p. 60-61 参照。

(76) ディルタイ (久野昭訳)『解釈学の成立』(以文社，1973年) p. 29。ディルタイからの引用中にあるエルネスティの書名をディルタイ全集第V巻の原文によって確認し『提要』とした (訳書では『解訳者』)。

(77) このことは，シュライアーマッハーの講義ノートの一部 (久野昭・天野雅郎訳『解釈学の構想』以文社，1973年所収) を見るだけでも一目瞭然である。なお，彼がエルネスティのほかに主として批判的検討を加えたもう一人の神学者はモリスであった。この点も，彼の講義ノートに明らかである。なお，この点，H. ビールス編 (竹田純郎他訳)『解釈学とは何か』(山本書店，1987年) p. 24 参照。

(78) 安酸前掲書 pp. 34-35 参照。

(79) 麻生前掲書 pp. 61-63 参照。

(80) 木田・高橋前掲書 pp. 6，64。

(81) T. V. ベーン (飯塚信雄他訳)『ドイツ十八世紀の文化と社会』(三修社，1984年) pp. 2-3。

(82) 啓蒙主義については，E. カッシーラー (中野好之訳)『啓蒙主義の哲学』(紀伊国屋書店，1962，1997年) が定評のある好著である。また，その社会史的背景をも追跡した興味深い書が P. ゲイ (中川久走他訳)『自由の科学——ヨーロッパ啓蒙思想の社会史』I，II (ミネルヴァ書房，1982，1986年)。あるいは，P. アザール (小笠原弘親他訳)『十八世紀ヨーロッパ思想』(行人社，1987年) が18世紀の思想全般を問題別に論じ，その一つとして啓

蒙主義の哲学を扱っている。

(83) ゲイ前掲書(Ｉ) p. 228 より引用。

(84) ベーン前掲書 pp. 5-6。

(85) 同書 p. 12 参照。

(86) 同書 p. 34 参照。成瀬前掲書 pp. 69-70 も指摘するように，トマージウスのこの寄与は，イギリスの歴史家で，「16・17世紀におけるヨーロッパの魔女熱狂」に鋭い分析のメスを入れた H. R. トレヴァー＝ローバー（小川晃一他訳『宗教改革と社会変動』未来社，1978年，pp. 226，265，293）によっても高く評価されている。

(87) 成瀬前掲書 pp. 88-89 参照。なお。理神論について詳しくはカッシーラー前掲書 pp. 209-223 およびアザール前掲書 pp. 395-437 参照。あるいは簡潔なものとしては，宗像恵・中岡成文編『西洋哲学史［近代編］』（ミネルヴァ書房，1995年）pp. 113-114 のコラムがある。

(88) ベーン前掲書 pp. 92-93。

(89) 成瀬前掲書 pp. 69-71，76-78 参照。

(90) L. W. Beck, *Early German Philosophy*, Cambridge Massachusetts 1969, pp. 257-258, 261, 274. なお，山本道雄「ドイツ啓蒙主義の哲学」（前掲『西洋哲学史［近代編］』）pp. 152-161 のうち，ヴォルフに関する記述（pp. 152-155）はその哲学体系の方法論，原理，認識論に焦点を合わせているが，ライプニッツ哲学との相違が的確に捉えられている。たとえばヴォルフの哲学方法論がデカルト的であるという指摘（p. 153）など。この点，全く同感である。

(91) ベーン前掲書 pp. 38-40 およびアザール前掲書 p. 42 参照。

(92) Beck, *op. cit.*, p. 259.

(93) *Ibid.*, p. 273.

(94) 安酸敏眞『レッシングとドイツ啓蒙』（創文社，1998年）p. 284 参照。なお，同書 pp. 273-276 をも参照。

(95) 後年，シェリングも，レッシングのこのスピノチスト宣言に従うことになる。前掲拙著『科学・芸術・神話』pp. 150-151（＝増補改訂版 pp. 136-137）。

(96) オリエント学というのは，（地域的には現在の中近東およびエジプトにおける）イスラエルの民の歴史（そのなかで聖書が成立してくる）や言語や文化を研究するものである。

(97) 注87参照。

(98) 安酸前掲書 pp. 51-52 より引用。

(99) 成瀬前掲書 pp. 110-113 もゲッツェに対する反論について考察している。

また同書 pp. 113-120 は，さらにバールトによる新約聖書のドイツ語訳の刊行を機縁としたレッシングによるゲッツェ批判をも考察の対象としている。ここからルター派の「聖書原理」に対するレッシングの考え方がよく見て取れる。

(100) 木田・高橋前掲書 p. 61 参照。ここでレッシング独特のアイロニカルで戦術的な思考，行動パターンについて触れておくのもよかろう。それは総じて「論争的で仮定立的，演習風で仮説的な性格」をもっている。『断片』の公刊もその一例であって，それは，彼がライマールスの理神論的合理主義に与しようとしたためではけっしてなく，これを正統主義の啓示信仰にぶつけることによって，当時の神学状況を流動化，活性化させ，そこから両者を超えたキリスト教的真理を引き出そうとしたためであった。安酸前掲書 pp. 10-21, 43-46，211-212 がこの点を周到に論じている。

あるいはまたここでイエス伝に関連して，田川のイエス伝に言及しておくべきであろう。イエス伝も今日ここまできたという意味において。田川建三『イエスという男——逆説的反抗者の生と死』(三一書房，1980年）は，イエスの個々の発言の意味を抽象的神学的に解説する（ブルトマンや八木のように）のではなく，具体的な歴史的状況のなかで理解しようとする。そこから「イエスの活動は，ユダヤ教という宗教的社会支配体制に対する逆説的反抗だったのだ」(p. 45，増補改訂版（作品社，2004年）p. 51）というイエス像が描き出される。

(101) 安酸前掲書 p. 42 参照。

(102) ベーン前掲書 pp. 94-95。レッシングの批評活動は，美学の領域にも及ぶものであった（『ラオコーン』)。この点についてはたとえば，ゲイ前掲書 I，pp. 221-226 参照。

(103) 安酸前掲書 p. 138 参照。

(104) レッシングの初期の様々な演劇作品やまた成熟期の演劇論（『ハンブルク演劇論』）については，ここでは立ち入ることができない。この点については，たとえば，ゲイ前掲書 I，p. 208 以下参照。ここでは，本章の主題に合わせて宗教思想内容のみを扱っている。考察が綿密で的確な安酸前掲書『レッシングとドイツ啓蒙』——本章でしばしば依拠しているこの力作，学位（文学博士）論文でも，サブタイトル（「レッシング宗教哲学の研究」）にあるように，主題に従って宗教思想のみが扱われている。

(105) 安酸前掲書 p. 252 参照。カッシーラーはレッシングの立場を特にライプニッツのそれと結びつけ，『人類の教育』をも，「ライプニッツの弁神論の概念を新しい領域に適用した」ものと見なし，さらに，そこでの基本的思想を

「実に在来の啓蒙主義哲学〔ネオロギーの神学やヴォルフ型の合理主義〕の転回点を意味するものであった」と評価している。カッシーラー前掲書1997年，pp. 235-239。

(106)　安酸前掲書 pp. 325-352 に付録として『人類の教育』の全訳が収められている。引用はそこから。

(107)　同書 p. 45。

(108)　同書 p. 47。

(109)　同書 p. 28 注37。

(110)　同書 pp. 47-48，54-55 参照。

(111)　H. ハイネ（伊東勉訳）『ドイツ古典哲学の本質』（岩波文庫，1951年）p. 132。

(112)　ハイネの指摘するようにレッシングを「ルターの継承者」と見なしうるかどうかについては意見が分かれている。この点，安酸前掲書 p. 62 注47参照。

(113)　E. カシーラー（門脇卓爾他訳）『カントの生涯と学説』（みすず書房，1986年）p. 407。

(114)　たとえば，氷見潔『カント哲学とキリスト教』（近代文藝社，1996年）は，三批判書には見られない『宗教論』のもつ「独特の意義」を強調する（p. 20）。この書の相当部分が著者も主張するとおり，『宗教論』の「独特の意義」を明らかにしているが，特に序論，第1章，補論1を参照。これとは異なって，宇都宮芳明『カントと神――理性信仰・道徳・宗教』（岩波書店，1998年）は，『宗教論』の内容を特に三批判書の論述との関連から綿密に検討し，カントにおける宗教と道徳とを「理性信仰」という語を手がかりとして「統合的」に解釈する。すなわち，この書は，道徳論，倫理学を宗教から独立させる傾向に対する批判として執筆されたものである（同書 p. 1）。その立場はたとえば第9章「『宗教論』の課題」の最初の節のタイトルが「道徳から宗教へ」となっていることにも明瞭に窺える。全10章からなる個々の考証の綿密さには教えられるところが多大で，著者の長年のカント研究の成果が盛り込まれた力作であるが，筆者の目下の興味は『宗教論』の独自性，三批判書からのずれを強調する側にある。

(115)　『カント全集』第10巻（岩波書店，2000年）pp. 7，11。以下，カントからの引用は『カント全集』より，巻数とページ数のみを指示しで行う。

(116)　石川文康『カント入門』（ちくま新書，1995年）pp. 132-138 参照。

(117)　O. ヘッフェ（薮木栄夫訳）『イマヌエル・カント』（法政大学出版局，1991年）pp. 211-212。自律道徳としてのカント倫理学の成立にとってルソ

ーの影響が決定的であったことは思想史上，見逃せない重要な点である。この点，特に浜田義文『カント倫理学の成立』（勁草書房，1981年）pp. 83-88参照。

(118) ヘッフェ前掲書 pp. 209-211 参照。なお，牧野英二「カントにおける道徳と幸福」廣松渉他編〈講座ドイツ観念論〉第2巻『カント哲学の現代性』（弘文堂，1990年），pp. 296-338 をも参照。この論文は，その表題にあるとおり，カントにおける道徳と幸福との関係の問題を周到に論じている。

(119) なお，注135をも参照。

(120) この点，キリスト教の側からは，カントの倫理学はキリスト教的終末論の道徳主義的世俗化だという見方も出てくる（R. K. ブルトマン，中川秀恭訳『歴史と終末論』岩波書店，1959年，p. 88）。

(121) なお，自然神学はニュートンの神学をルーツとし，18世紀全体を覆うほどに長く流布したものであって，カント自身も若い頃にはこの神学に従っていた。前掲拙著『ニュートンとカント』pp. 125，223-226 参照。自然神学はキリスト教のドグマとしては創造論と関連している。人間および自然ともに被造物であるという立場から田川前掲書『キリスト教思想への招待』第1章「人間は被造物」は自然神学の含意を強く支持している。

(122) 彼のひととなりについては，中島義道『モラリストとしてのカントⅠ』（北樹出版，1992年）が克明に描き出している。

(123) Fr. ガウゼ（竹内昭訳）『カントとケーニヒスベルク』（梓出版，1984年）が，表題にあるとおり，両者の関係をよく捉えている。

(124) カントの批判哲学の形成に関しては，浜田義文『若きカントの思想形成』（勁草書房，1967年）や坂部恵『理性の不安』（勁草書房，1976年）が詳論している。

(125) ここでは「手段」という語は，われわれの本文とは異なった文脈で用いられているが，この語を借用する。

(126) 本文で述べる問題については，氷見前掲書 p. 61 以下，特に p. 74 以下参照。なお，カントの根源悪論については，本書第1章第5節で取り上げ，論じている。

(127) 氷見前掲書 pp. 100-102 参照。

(128) 「模範」と「範例」については同書 pp. 107-108 参照。

(129) 後年，若きヘーゲルがベルンで家庭教師をしていた時期，カントに倣いつつ，イエスを徳の教師と見なし，それによる「国民宗教」の構築の可能性を模索することになる。氷見前掲書 pp. 219-263 参照。

(130) 氷見前掲書 pp. 130-134 参照。

(131) 量義治『宗教哲学としてのカント哲学』(勁草書房，1990年）pp. 283-284。なお，カントは，宗教論の準備草稿のなかで，「新約聖書には道徳以外に特殊な義務はなく，実際のところ，このことによってのみ道徳が普遍的な宗教になる」と説くミヒャエリスに注目している（⑩313)。ミヒャエリスについてすでに紹介したとおり（第2章第4節第1項)，彼の研究の中心は新約聖書ではなく旧約聖書である。

(132) カントの啓蒙論について，筆者は『生きることと哲学すること』(北樹出版，1990年）の「序　哲学は学びうるか」で論じたことがあるが，これに刺激されて，1995年1月15日（成人の日）の朝日新聞の社説「自分で考える大人になろう」が書かれた。同書を増補改訂した際（1997年）に，これを pp. 38-39 に収めた。なお，カントの啓蒙論については次節でも再論する。

(133) 若きカントが置かれた当時の学的環境について，筆者は解説（「若きカントと一八世紀自然思想」『カント全集』第1巻，岩波書店，2000年，pp. 383-406）で詳述している。のち，拙著『若きカントの力学観』(北樹出版，2004年）第2章に再録した。

(134) 氷見前掲書 pp. 93-95，183-193 参照。

(135) 批判哲学の結果としての要請論を理性の弱さと見なして，歴史的信仰を奨励し，幸福を徳の報酬として認めることを説いたテュービンガーシュティフトの正統派シュトルらに対して，同じシュティフトの神学生であったシェリングは，「批判主義の分捕品から独断論の新しい体系を構築しようとする」策動として強烈に批判することになる（『批判主義と独断論に関する哲学的書簡』1795年)。この点，詳しくは拙稿「スピノチストとしてのシェリング」大阪学院大学『人文自然論叢』No. 33・34，pp. 9-41，特に pp. 11-18 参照。

(136) 前掲拙著『科学・芸術・神話』pp. 147-149（＝増補改訂版2004年，pp. 133-135）および前掲拙稿拙論「スピノチストとしてのシェリング」pp. 1-15 参照。

(137) W. ブライダートが当時の地震論を集め，解説している。以下，引用は彼の以下の編著より。W. Breidert (Hg.), *Die Erschütterung der vollkommenen Welt*, Darmstadt 1994.

(138) 以上の記述は，筆者によるカント地震論解説（『カント全集』第1巻所収）から必要箇所を抜粋し，それに手を加えたものである。その際，加藤泰史「オプティミズム試論」解説（同全集第2巻所収）が大層役立った。なお，以下のものもオプティミズム問題を巧みに論じている。E. カッシーラー（原好男訳）『十八世紀の精神』(思索社，1989年）pp. 67-77。アザール前掲書 pp. 309-325。

(139) カンティアーナーの間では見過ごされている，この点を，磯江前掲書『ハーマンの理性批判』p. 62f. が周到に論じている。周知のとおり，弟子のボロウスキがカントに師の小論集を刊行しようとして『試論』を所望したところ，彼はけんもほろろに「破棄せよ」と応答したこと，そうしてボロウスキがその真意を測りかねたことを彼のカント伝に記している。磯江同書 p. 271 の推測では，「この試論はルソー書簡に依存しすぎていたため，『破棄』したかったのではないか」ということである。大いにありうる，この推測は当たっているのではないかと思われる。いまその一端を見ただけだが，その他興味深い数々の記述を含む，この力作は氏の遺稿集としてまとめられたものである。同書の「あとがき」――西川富雄「遺稿の整理を終えて」参照。

なお，磯江著『ハーマンの理性批判』は，シェリングがハーマンをどう見ていたか，特にヤコービと関連してどう見ていたかに関する興味深い考察をも含んでいる。シェリングはハーマンをベーメに次ぐ「深遠な精神の人」と見なし，ヤコービにハーマン作品を出版するよう勧めている（p. 5）。本書の姉妹篇『人間と自然』冒頭で紹介した，人間の自然支配を自然の殺害として批判するシェリングの自然思想もハーマンのそれに由来する（p. 127）。周知のとおり，1812年にシェリングはヤコービを批判することになるが，そこでもシェリングはハーマンを引き合いに出し，「ヤコービ氏はそもそも，この偉大な著者を理解していたのであろうか」と訝っている（p. 290）。

(140) 磯江前掲書はハーマンの諸思想を彼の数々の書簡での発言から掘り起こしている。書簡からの引用（訳文も磯江氏による）をこの書から行い，そのページ数を漢数字で指示する。

(141) アウグスティヌスの「回心」については，彼自身の『告白』を直接読むに如くはない。われわれは中公〈世界の名著〉14でこれを読める。アウグスティヌスは彼の放蕩の地カルタゴ（当時の北アフリカにおけるローマ文化の中心地）を「情事のサルタゴ（大鍋）」と呼んだことはあまりにも有名である。アウグスティヌスにとってのカルタゴもしくはサルタゴは，ハーマンにとってはロンドンだった。彼は後年ロンドンに向かうヤコービに対して次のように忠告することになる。「ロンドンで自己を喪失しないで下さい。そこは新参者にとっては深淵（Abgrund）です」（磯江 p. 25）と。

また「回心」に関する記述を含めパスカルの生涯と思想についての最良の解説は J. メナール（安井源治訳）『パスカル』（みすず書房，1971年）であろう。彼にとってのカルタゴは，17世紀のパリの社交界だった。ハーマン自身むろんパスカルに注目していたが，われわれは両者に思想家としての同質性を見ることができるであろう。この点，たとえば磯江前掲書 p. 153以下参

照。
(142) 以上，詳しくは礒江前掲書 pp. 13-35 参照。
(143) 以下，ページ数のみを記して引用するのは，川中子義勝訳『北方の博士・ハーマン著作選(上)』(沖積社，2002年) より。なお，その「下」は同書の訳注の巻に相当する。
(144) フリードリヒ的啓蒙ならびにカント的啓蒙に対するハーマンの批判について，詳しくは礒江前掲書 pp. 70-93 参照。
(145) 表題における「提要」は「くるみ」をも意味する。後者を採れば，表題は「くるみにおける美学」となる。表題について詳しくは，『著作選(下)』p. 381 参照。
(146) ヘルダーについて論じた I. バーリンは，ヘルダーを「ナショナリズム・歴史主義・民族精神 (Volksgeist) の生みの親」と特徴づけている。I. バーリン (小池桂訳)『ヴィーコとヘルダー』(みすず書房，1981年) p. 281。
(147) この間の消息については，礒江前掲書 pp. 98-101 参照。
(148) 野家啓一の定式化によれば，「言語論的展回」とは，デカルト，カント等の近代認識論の究極の拠点であった「『私的体験の確実性』という自閉的世界から抜け出るため」「言語というバイパス」に向かった哲学運動であり，最初はフレーゲ，ヴィトゲンシュタイン，ウィーン学団のメンバーたちがこれを領導した。野家啓一『言語行為の現象学』(勁草書房，1993年) 第 8 章「超越論的語用論の射程」。語用論を含む20世紀の言語問題について前掲拙著『科学・芸術・神話』付論「ポリフォニーとしてのテクスト」をも参照。
(149) ここで，本書の姉妹篇『人間と自然』(萌書房，2004年) の記述をもとにして，グノーシス主義およびそれとのシェリングとの関連について述べておく。

グノーシス主義とは，ユダヤ教神秘主義 (カバラ等) に由来する宗教運動であったが，啓示を神秘的直観としてのみ認める点や，現世を悪魔の支配下にあると考える点 (件の「質料に対する憎悪」もここに由来する) などから，キリスト教の成立後，とりわけ 2，3 世紀，教父たちによって異端として激しく指弾されることになった。18世紀にグノーシス主義が知られることになったのは，17世紀末頃に始まった教父たちの思想の研究であり，したがって異端思想としてであった。

興味深いことに，シェリングは博士論文 (『マルキオン』1795年) で，2 世紀終わり頃のグノーシス主義の代表者マルキオンの思想をテーマ化した際，異端攻撃の急先鋒であった教父エイレナイオスやテルトゥリアヌスの思想に目を向けていた。田川前掲書『書物としての新約聖書』の第 1 章「正典化の歴史」の中心をなす議論がマルキオンおよびその関連である。参照されたい。

ともあれ，シェリングの博士論文の基本的な立場はグノーシス主義を異端として攻撃する教父たちに対する批判，ひいてはキリスト教正統派に対する批判であった。この点，注135に記した『哲学的書簡』（同年に出現したテュービンゲン神学寮の正統派に対する匿名の批判文書）の著者がシェリングであったことを考え合わせると，彼の正統派に対する反発の強さが想像できる。しかしながら，シェリングが博士論文でグノーシス主義を主題としたのは，そこにオリエントの哲学の精髄の一つがあると見なしたためであった。彼は古代哲学を重視した思想家だが，彼にとって古代哲学とは，プラトン哲学に代表されると彼が見なしたギリシアの哲学のみならず，グノーシス主義を要にしたオリエントの哲学をも含んでいた。

(150) この点，前掲拙著『科学・芸術・神話』pp. 12-13，98-99（＝増補改訂版 pp. 54-55，253-254）参照。

(151) 言語行為論およびその他の領域への波及については，同書 pp. 86-97（＝増補改訂版 pp. 241-252）参照。

(152) 礒江前掲書 p. 232f. 参照。

(153) 「カバラ」については，注19参照。

(154) 礒江前掲書 p. 148f. および著作選上の年譜 p. 258 参照。

(155) 著作選下 p. 379 参照。

(156) 礒江前掲書 p. 211 参照。

(157) ディルタイ前掲書 p. 40。この点詳しくは前掲拙著『若きカントの力学観』pp. 20-24 参照。

(158) ディルタイ『シュライアーマッハーの生涯』「自然学（自然哲学）」の章参照。近刊の『ディルタイ全集』（法政大学出版局）第 9 巻にこの拙訳が収められる予定である。

(159) W. H. プレーガー（増淵幸男監訳）『シュライアーマッハーの哲学』（玉川大学出版部，1998年）p. 39 および金子前掲書 pp. 475-476 参照。なお，金子同書 pp. 475-483 は，シュライアーマッハー宗教論における敬虔主義との関連および神秘主義的側面について考察している。

(160) 麻生前掲書 pp. 113-114 参照。

(161) 同書 pp. 120-129 参照。

(162) ディルタイ前掲『解釈学の成立』p. 40。なお，訳文は全集第Ⅴ巻からの拙訳。ここでの，著者にまさる著者理解という定式成立の背景については，注157でも指示したとおり，前掲拙著『若きカントの力学観』pp. 20-24 参照。

(163) 木田・高橋前掲書 pp. 86-87，102-109 および M. ノート（山我哲雄訳）『モーセ五書伝承史』（日本基督教団出版局，1983年）の解説 pp. 427-454 参

照。なお，G. フォン・ラートの伝承史的研究も翻訳されている。荒井孝三訳『旧訳聖書神学』Ⅰ・Ⅱ（同出版局，1980年，1982年）。

(164)　木田・高橋前掲書 pp. 84，89-90 参照。

(165)　カール・バルト（小川圭治・岩波智男訳）『ローマ書講解(上)』〈平凡社ライブラリー〉396，2001年，p. 13。

(166)　田川前掲書『キリスト教思想への招待』第1章はバルト神学エピゴーネンに対する嫌悪を露わにするのみならず，バルト自身による自然神学批判を拒否している。田川の自然神学論については注121でコメントとした。

(167)　木田・高橋前掲書 pp. 109-117 参照。